Ignác Jan Hanuš

Das Schriftwesen und Schrifttum der böhmisch-slovenischen

Völkerstämme

In der Zeit der Ueberganges aus dem Heidentume in das Christentum; eine

literaturhistorische Abhandlung

Ignác Jan Hanuš

Das Schriftwesen und Schrifttum der böhmisch-slovenischen Völkerstämme
In der Zeit der Ueberganges aus dem Heidentume in das Christentum; eine literaturhistorische Abhandlung

ISBN/EAN: 9783743399808

Hergestellt in Europa, USA, Kanada, Australien, Japan

Cover: Foto ©ninafisch / pixelio.de

Manufactured and distributed by brebook publishing software (www.brebook.com)

Ignác Jan Hanuš

Das Schriftwesen und Schrifttum der böhmisch-slovenischen

Völkerstämme

Das

SCHRIFTWESEN UND SCHRIFTTUM

der

böhmisch-slovenischen Völkerstämme

in der Zeit des Ueberganges aus dem Heidentume in
das Christentum.

———◆—•—◆———

Eine literaturhistorische Abhandlung

von

Dr. I. J. Hanuš.

Zur Jubilaeums-Feier der Auffindung der Grünberger und Königinhofer Handschrift.

PRAG, 1867.

Vorwort.

Titel und Inhaltsübersicht berichten von selbst über den Zweck der vorliegenden Abhandlung: eine Grundlage abzugeben zur ältesten böhmisch-slovenischen Literatur-Geschichte in Form einer Monographie.

Da nun derselben zugleich der Nebenzweck unterliegt, zur Brücke für deutsche Leser zu dienen, welchen daran liegt, das gegenwärtige Gebiet dieses Grundteiles der böhmischen Literatur-Geschichte kennen zu lernen: so wurden bei der Darstellung der Grünberger und Königinhofer Handschrift teils nur Summarien, teils fast wörtliche Uebersetzungen gegeben, selbst auf die Gefahr hin, stylistische Correctheit der Treue zu opfern. Falls nun diese beabsichtigte, dem Sinne nach genaue Darstellung der beiden Handschriften nur etwas gelungen sein sollte, dann dürfte wol diese Monographie zur fünfzigjährigen Jubilaeums-Feier der Auffindung dieser Handschriften nicht unwürdig sein.

Prag, Collegium Clementinum im März 1867.

Hanuš.

1. Kannten die böhmisch-slovenischen Volksstämme im Heidentume eine eigene Lautschrift?

Unter dem Ausdrucke *böhmisch-slovenische* Völkerstämme verstehen wir die sprach- und stammverwandten Slavenvölker der Böhmen (Češi), Mährer (Moravané), Schlesier (Slezáci) und Slovenen (Slováci)' in Ungarn. Die Frage, ob diese im Heidentume eine *Lautschrift* kannten, ist enge verbunden mit der Frage, ob die *Slaven* überhaupt, ehe das Christentum an sie herantrat, eine Lautschrift hatten, welche Frage jedoch nicht identisch ist mit der Frage: hatten die Slaven der Urzeit, ehe sie nämlich eine den geschichtsschreibenden Griechen und Römern bekannte historische Völkergruppe wurden — also noch in ihren hinterkarpathischen Wohnsitzen — eine Lautschrift?

Den hier festgesetzten Uibergang von den *Böhmen-Slovenen* insbesondere zu den *Slaven* im Allgemeinen rechtfertigt *das* Resultat vergleichender Slavistik: dass die Grundlagen der Bildung aller Slavenstämme je altertümlicher, desto gleichförmiger waren.

Die eben so schwierige als wichtige Beantwortung dieser Frage scheint ein altes bekanntes Zeugniss, nämlich das des Mönches *Chrabr*, der am Anfange des 10. Jahrhundertes in Bulgarien noch lebte und über die sogenannte Schrifterfindung *Kyril's* schrieb (Vgl. Hattala, musejn. 1858. S. 116), ganz einfach mit *nein* zu beantworten, da er gleich am Anfange seines Aufsatzes sagt: „Vordem (früherhin) hatten die *Slovienen* (Slověne) *keine* Schriften (Bücher, knigъ), denn' als sie Heiden waren, *zählten* (čъtěchą) sie mit *Strichen* (črъtami) und *wahrsagten* (gataachą) mit (aus) *Riszen* (Einschnitten, rězami).“ Allein die Deutung dieses Ausspruches enthält in sich fast so viele Schwierigkeiten, als sie Worte in sich fasst.

Denn der Ausdruck Slověninъ, Slověne, bezieht sich wahrscheinlich nur auf die südlichen Alt-Slovenén (Bulgaren), nicht auf Slaven überhaupt — auch kann dem Mönche Chrabr keine Kenntniss über das Schriftaltertum *aller* Slaven, namentlich der hinterkarpathischen Slaven zugemutet werden. Er sagt von diesem seinen Slovienen aber weiter: „Als sie aber Christen geworden, mühten sie sich ab, mit römischen und griechischen *Buchstaben* (pismeny) ihre slovienische Sprache (slověninską rěčъ) zu schreiben (pisati) und das ohne Organisation (bezъ ustrojenia) der Buchstaben." Erst der h. Kyril hätte ihnen sodann ein eigenes Alphabet gegeben. (Vgl. Šafařik: Starožitnosti, 1. Aufl. S. 995. 2. Aufl. S. 739.)

Könnte man nun Chrabr's „Slověnin" auch auf den böhmisch-slovenischen Völkerstamm und zwar aus dem Grunde beziehen, weil die Einführung des Christentums durch Kyril und Methud wenigstens bei einem Teile desselben feststeht: so hätte man vorläufig ein Zeugniss, dass sie als Heiden nur Striche (črъty) zum Zählen und Riszc, Einschnitte (rězy) zum Wahrsagen gehabt haben. Das Wort čъtěchą, das nun allerdings auch den Sinn des Lesens hat, kann denselben im Sinne Chrabr's unmöglich haben, da er ja ausdrücklich sagt, dass sie keine Bücher, Schriften (knigъ), also nichts Lesbares gehabt hätten.

Die Näherrückung der Slověnen zu den Böhmen-Slovenen durch die Einführung des slav. Christentums Methods wird aber gewaltig gehindert durch Chrabr's ferneres Wort, dass die christlichen Slověnen griechisch und lateinisch geschrieben hätten, denn von griechischen Schriften weiss man bei den Böhmen-Slovenen schlechthin nichts, wol aber bei den Südslaven, die vor allen Chrabr im Auge gehabt haben mag. Notiren wir daher vorläufig Chrabr's Gegensatz der knigy oder Pergament-Lautschrift zu einer Einschnitt- (rězy), sohin zu einer Holztafel-Schrift, die zum Wahrsagen diente und zu Strichen (črъty), welche zum Zählen bestimmt waren. Diese Einschnitte können wir uns als Grundlage des Wahrsagens (Vorher-Denkens) unmöglich ohne Bedeutung (Sinn), sohin nur als Bilder oder Denkmale vorstellen.

Um nun den Böhmen-Slovenen näher zu kommen, citirt man häufig eine altslavische Handschrift, verfasst um 1200, geschrieben aber zu Ende des 14. oder im Anfange des 15. Jahrhunderts (Wiener J. B. d. Lit. 53. B. 1831. Anz. Bl. N. 79. S. 29. — Šafařik, starožitn. Editio princeps. S. 997), welche da sagt, dass zu den halbgläubigen Völkern, welche Schriften (Bücher, knigъ) haben, die Franken, Allemanen, Ungarn (vągrъska) Böhmen (čеšska), Armenier gehören. Allein das hat offenbar keine Beziehung zu den heidnischen, sondern zu den römischkatholischen Böhmen, weil sie eben halbgläubig, nicht rechtgläubig (griechisch-katholisch), genannt werden und ist nichts als ein Beweis, dass man von diesen Böhmen zu Ende des 12. Jahrh. wusste, dass sie bereits eine christliche Literatur, wol die ganze Bibel oder doch einige Teile derselben hatten, was auch sonst sichergestellt ist.

Um also auf eine andere Weise eine heidnische Schrift und zwar eine Lautschrift für die Böhmen sicherzustellen, macht man auf die nahen Beziehungen der Böhmen und Elbeslaven aufmerksam, die allerdings ähnliche Kulturzustände bei beiden voraussetzen lassen und citirt den Chronisten Thietmar († 1018), der sagt, dass in der Stadt Riedegost (Ratara, Rhetra) in einer Art slavischen Pantheons, worin „Zuarasici" (d. i. Svarozič) der oberste Gott war, Götterstatuen stünden, mit einzeln eingegrabenen Namen (nominibus insculptis). Wagner's Ausgabe VI. B. S. 150. 151. Allein dieser Beweis für eine Lautschrift bei den Nordslaven ist nicht stichhältig genug, denn das Zeugniss Thietmar's fällt ja in das Ende des 10. christlichen Jahrhundertes, wo allerdings Lautschriften und zwar die Glagolica, Kyrilica oder wenigstens das römische Alphabet bei den Nordslaven in Gebrauche sein konnten, ja auch *Runenalphabete*, ohne dass diess einen Beweis für eine Lautschrift in *wahrhaft heidnischer* Zeit abgeben würde. Im 10. christl. Jahrhunderte sind Schriftvermittlungen durch *Fremde* bei den Nordslaven nichts sonderbares (Šafařik, star. 2. Ausg. II. B. S. 742). Wie muss auch das Heidentum schon im Verfalle gewesen sein, wenn man Götterstatuen *Unterschriften* beifügen durfte oder musste? — Auch spricht Thietmar nur von *eingegrabenen Namen*, was nicht durch förmliche *Worte*, worum es sich aber hier handelt, sondern auch durch mythische *Götterzeichen* (Göttermale) bewerkstelliget werden konnte. So hatte z. B. der slavische Blitzgott sein Götterdenkmal in zwei sich kreuzenden Blitzen ✕, wie dies noch an einzelnen Todtenurnen vorkömmt, so z. B. bei der in Holešovic gefundenen (Kalina, Opferplätze, S. 125. 126). Eine solche Eingrabung von Göttermalen wäre dann allerdings echt heidnisch, wie denn nur wenige Zeilen voran derselbe Thietmar sagt, dass die Wände dieses Svarozič-Tempels durch wunderbar (sonderbar?) *eingegrabene* Götterbilder geziert waren (mirifice inscuplcae). Für eine heidnische Lautschrift der alten Böhmen folgt endlich aus allem dem gar nichts.

Aehnliche *späte* Zeugnisse über die fragliche Slavenlautschrift sind die von reisenden *Arabern* erhaltenen z. B. von Fadhlân, Masoudy, Nedim u. a. m. (Mem. de l'acad. de St. Petersb. VI. Ser. 2. Seite 319. 513.); denn wenn schon die Ostgothen im 4. christl. Jahrhunderte eine eigene christl. Schrift besassen, warum sollten im 9.—10. Jahrh. nicht auch unter die Russen schon Schriftzeichen eingedrungen sein (Zur slav. Runenfrage. S. 65), die in so nahen Berührungen mit den Normannen sowohl als mit den Griechen (im Süden) stunden. Aus solchen besonderen Verhältnissen würde dazu noch nichts für die Böhmen folgen.

Fast dasselbe gilt von den Schriftzeichen bei diplomatischen Verhandlungen, wie wenn z. B. Konstantin Porphyrogeneta (er schrieb zw. 945—959) bezeugt, dass die Chorvaten (Kroaten) in eigenen Handschriften (chirographis propriis) den römischen Kaisern um das Jahr 635 Treue angelobten. Ueber die nähere Beschaffenheit dieser Handschriften, die dreihundert Jahre vor Konstantin geschrieben waren, sagt er natürlich nichts, auch würden sie, wenn das Wort „eigene" (propriis) auch auf die Kroaten, und nicht auf die Treue-Versprechung sich beziehen würde, nichts beweisen, da am Hofe der Herrscher, wenn sie mit andern kultivirten Potentaten in politische Beziehungen treten, manche Kulturmomente herrschen mussten, die dem Volke selbst fehlen. So verhandelt nun der türkische Hof mit den europäischen Mächten französisch, woraus aber nur durch einen Irrschluss sich ergäbe, dass auch das türkische Volk französisch schreibe und spreche. Vgl. Šafař. Starož. 2. A. S. 738.

Der Ausdruck: „eigene Schriften" kömmt in einem anderen Sinne in einer viel älteren Quelle, nämlich in dem Chronicon paschale vor (354—630), wo von den *Sarmaten* und *Skythen* gesagt wird, dass sie ihre eigenen Schriften hatten (αὐτῶν γράμματα). Allein dieser Ausdruck bedeutet hier wie oben in der citirten altslav. Handschrift *Schriften*

8

christlicher Zeiten und wenn auch der Ausdruck: Sarmaten und Skythen anstandslos auf Slaven bezogen werden könnte, so ist doch hier von keinen heidnischen Slaven, um die es sich handelt, die Rede. Dass einzelne Slaven im 4. Jahrh. bekehrt waren, unterliegt keinem Zweifel, ebenso, dass das Christentum nicht ohne Schrift sich werde verbreitet haben. Vgl. Šafařik l. c. S. 737.

Auch *Nestor* spricht bei den J. 912 und 945 von *schriftlichen* Verträgen zwischen Russen und Byzantinern, ohne natürlich dadurch für heidn. Slavenschrift etwas beweisen zu können, wie Konstantin oben bei den Kroaten.

In dem Jahrhunderte, von welchem Nestor spricht, erwähnen nicht ganz unglaubwürdige Sagen in *Böhmen* sogar schon Schreibschulen zu *Budeč* und *Vyšehrad* mit heidnischem Anstriche, allein niemand wird daraus auf eine heidnische *Lautschrift* schliessen dürfen, die etwa schon in der karpathischen Heimat oder in Böhmen wenigstens vor der Zeit der Concentration der slavischen Stämme zum einigen Böhmervolke um die Doppelburg Vyšegrad-Praga geherrscht hätte. Denn um die Zeit der Concentration trat nicht nur die Berührung der Böhmen mit fremden, schriftkundigen Völkern des europäischen Südens, sondern auch mit dem Christentume statt, das, wie gesagt, ohne Schriftkunde nicht recht möglich ist, da sich seine Lehre eben auf „Schriften" gründet.

Wenn man endlich die „*Vinda-runir*" d. i. die Slaven-Runen ins Feld führt, um abermals einen Schluss von den Nordslaven auf die Böhmen zu tun: so zeigt die nähere Betrachtung derselben den Fehlschluss offenbar. Denn von den Vinda-runir spricht nur *Thunmann* in seinen Untersuchungen über die alte Geschichte einiger nord. Völker (Berlin, 1772. S. 283), belegt sie jedoch durch *kein altes* Zeugniss, sondern behauptet nur, dass auch die *isländischen* Schriftsteller dieselben kannten. Wir zweifeln nun keineswegs an dem Dasein von Slavenrunen, halten dieselben jedoch, wie gleich des Nähern gezeigt werden soll, für *keine* Lautschrift. Was aber die Thunmann'schen „Vindarunir" betrifft, so kann dies Wort auch den Sinn: Slavische (wendische) *Gesänge* und *Sagen* haben, wobei dann der Behauptung: die Isländer hätten auch *slavische Sagen* gekannt, natürlich nichts entgegensteht.

Wenn nun alle diese Zeugnisse die Sache, nämlich die altheidnische *Lautschrift*, und die Person, nämlich die alten heidnischen *Böhmen* nicht treffen: so kann wohl behauptet werden, dass diese *keine Lautschrift* kannten, oder doch, dass man es bisher nicht beweisen konnte.

2. Die heidnischen böhmisch - slovenischen Völker kannten eine Bilderschrift.

Eine *Bilderschrift*, die als *Sach-* oder *Gegenstands-Schrift* der *Laut*-Schrift geradezu, und zwar wie *Natürliches* dem *Künstlichen*, entgegensteht, bei den genannten Völkern bezweifeln zu wollen, hiesse geradezu ohne Grund Kulturausnahmen setzen, da eine solche zu den allgemeinen Momenten *jeder indoeuropäischen*, wenn nicht gar jeder menschlichen *Kultur* überhaupt gehört

Denn so wie das emphatisch ausgesprochene Wort dem Naturmenschen *psychisch* imponirte, weil es in seiner flüchtigen Gehörform unmittelbar und gleichsam geistig die Sache selbst in sich zu bergen schien, wie solches das altertümliche Wünschen und Verwünschen namentlich beweist: so imponirte ihm auch das gegenständliche *Bild*, das dem *Auge* den *Gegenstand* selbst wiederzugeben schien, und dazu noch objectiver, als das Wort dem Ohre. Auge und Ohr sind aber die zwei Haupterkenntnissquellen des sinnlichen Menschen, der die unendlich vielen Processe der Anschauungsentstehungen nicht einmal ahnt.

Da nicht alle Gegenstände ehrfurchtsgebietend waren, so mussten auch die Bilder, welche den ebenberührten Eindruck machen sollten, einen ehrfurchtgebietenden Inhalt haben: und diess waren *mythische Bilder*, die in irgend einer Beziehung zur *Volksreligion*, dem Inbegriffe eben all der erfurchtgebietenden Naturanschauung stunden. So ist es z B. Tatsache, dass das Gorgonen- oder Medusen-Haupt nichts anderes war, als das personificirte Bild der willddrohenden Gewitterwolke, der sich ohne Gefahr eigenen Schadens nichts nahen durfte: aber eben so ist es Tatsache, dass bei Griechen und Römern solche Bilder an Stadttore angebracht wurden, um Feinde vor dem Eintritte abzuhalten. In der naiven Scheu oder in der naiven Ehrfurcht vor solchen Bildern liegt ein grosser Teil *religiöser* Gefühle geborgen, die eine ganz eigentümliche Art psychischer Zustände bilden. Auf ihrer Grundlage ist daher alles. was ein solches Bild an sich trägt, ebenso geschützt, als dasjenige, was mit mythischen Worten besprochen (beschrieen) wurde. Das *Bezeichnen* scheint dem Naiven ebenso schutzkräftig zu sein, wie das *Beschreien* Schreiben wir ja noch an unsere Türen: C. M. B.

Gibt man daher die selbstständige Entwicklung *mythischer Ausdrücke* bei einem Volke überhaupt zu: so gibt man damit auch die Entwickelung mythischer *Bilder* bei demselben zu: womit man sohin, nach *unsern* Begriffen zu reden, *zauberte*, nach mythisch naiven Begriffen aber *feite* oder *heiligte*.

Ob diese Bilder nun roh oder fein ausgeführt, ob sie ganz oder nur verkürzt gegeben sind, ist dem naiv gläubigen Gemüte gleichgültig, da dieses ohnehin nicht das kalte Object, sondern darin nur sein gefärbtes Herzensbild sieht.

Aus der ähnlichen Anschauung der ehrfurchtgebietenden Dinge, welche eben die Veranlassung der mythischen Bilder waren, eben so wie aus der ähnlichen Anschauungsweise der Naturvölker ergibt sich die Menge des *Gemeinsamen* bei allen heidnischen Religionen, ohne an äussere Entlehnung denken zu müssen. Das Bündlein Blitze, das Griechen und Römer ihrem Zeus oder Jupiter in die Hand oder dessen Adler (d. i. dem Thierbilde des Zeus, des Gewittergottes) in die Krallen gaben, erscheint bei Deutschen und Slaven in dem Bilde des Hammers, des Schwertes, der Axt oder ganz abgekürzt in dem oben besprochenen Andreaskreuze, dem mythischen Fruchtbarkeits- oder Multiplicationszeichen. Der Germane legte der Neuvermählten einen Hammer in den Schoss, um sie damit zu segnen, der Slave richtet während des Gewitters Aexte vor seinem Hause auf, um dasselbe zu schützen, oder legt eine Axt (sekyra) unter den Türpfosten, worüber die Braut schreiten muss, um sie zu feihen, bezeichnet endlich auch die Todtenurne mit dem geheiligten Zeichen.

Wie unterscheiden sich die Slaven von den Griechen, und doch erzählt uns Homer, dass Proitos dem Bellerophon auf einer zweiteiligen Tafel *Zeichen* eingrub, die angeschaut seinem Schwäher Verderben bringen sollten (Ilias, VI. 168. 173.).

Bei Tacitus aber lesen wir, dass bei den Germanen entweder der Hausvater oder der Burgpriester (sacerdos civitatis), je nachdem es sich entweder um Familienangelegenheiten oder um öffentliche Dinge handelte, die Losstäbchen mit *verschiedenen Zeichen* versah (surculos, *notis quibusdam* discretos), um dann daraus wahrsagen zu können (Germ. 10.), derselbe Tacitus, der da behauptet, dass bei den Germanen weder Männer noch Weiber die Geheimnisse unserer Schrift (literarum secreta) gekannt hätten.

Wenn wir nun damit den oben berührten Ausspruch des Mönches Chrabr vergleichen, dass die Slovenen vor dem Christentume keine Schriften (knigъ) kannten, sondern nur mit *Strichen* und *Einschnitten* (Riszen) zählten und wahrsagten: so haben wir ein gleiches, gemeinsames Kulturmoment europäischer Völker im Heidentume vor uns, um mit Grund von *mythischen Zeichen* der böhmisch-slovenischen Völker sprechen zu können.

Eine *Lautschrift*entstehung ist aber kein solches *gemeinsames* Kulturmoment, da es linguistisch-analytische Studien und scharfe Beobachtung der einfachen Sprachlaute voraussetzend, von der natürlichen Bezeichnungsweise der Gegenstände zu der künstlichen Bezeichnung der analysirten Laute übergeht. Griechen und Römer, gewiss wenigstens ebenso kulturentwickelungsfähig, wie Slaven und Germanen, entwickelten aus und in ihrer heimischen Kultur *keine Lautschrift*, sie empfingen dieselbe von den Aegypto-Phöniziern: mit welchem Rechte setzt man daher bei den Slaven im Heidentume eine solche *Lautschrift* voraus, ohne deren historisches Dasein strenge beweisen zu können: während das *Nichtdasein* einer *Bilderschrift* bei denselben gerade so auch bewiesen werden müsste, da diese im Entwickelungsprocesse europäischer Völker mit Notwendigkeit anzunehmen ist.

Wenn man nun die obige Nachricht Homers über die verderblichen Zeichen auf einer Doppeltafel mit der Nachricht des Saxo Grammaticus († um 1204) vergleicht, die er im 3. Buche seiner Geschichte Dänemarks von *mythischen Zeichen* gibt, die man in *hölzerne Tafeln* schnitt (*ligno* insculptae), eine Schriftart, die einst berühmt war (quondam celebre chartarum genus): so hat man Zeugnisse aus dem Süd und Nord und wenigstens tausend Jahre *vor* und tausend Jahre *nach* Christus! über Bilderschriften. Ja man kann aus allen diesen Zeugnissen sogar *zwei* Formen derselben unterscheiden: nämlich *vereinzelte* Zeichen und Zeichen in *grösseren Gruppen* beisammen.

3. Sprachliche Belege für das Dasein sowohl vereinzelter Zeichen als von Gruppenzeichen bei den böhmisch-slovenischen Völkerstämmen.

Vor allem sind die vom Mönche Chrabr für solche mythische Zeichen gebrauchten Ausdrücke auch den böhmisch-slovenischen Völkerstämmen bekannt.

Den Stamm des Ausdruckes *črъt-y* kennt man nämlich in verbaler Form als *črt-ati* oder *čert-ati*, Striche, Linien, Furchen ziehen, in substantiver Form aber als *čert-ež*, Abrisz, Bild, *čert-a-dlo*, Furchenmacher, Pflugschar, Slovenisch bedeutet nun *črt-ežiti* auch straffiren. Der einfachere Stamm dieser Wörtergruppe findet sich aber im böhm. als *čár-a*, Linie, *čár-y*, pl. Striche, aber zugleich auch Zauberei, altslav. *čar-ō*, m. Zauberer, incantator, böhm. *čaro-děj*, wörtlich Strichemacher, mit dem Sinne Zauberer, ebenso wie im altslav. *čaro-tvorьcъ* — Dieselbe Analogie ergibt sich im böhm. Diminutiv des altslav. Wortes *črъt-a*, nämlich *črt-ka*, f., Eingegrabenes, Zeichen überhaupt bedeutend, während die Form *čert*, m. nur im Sinne der Teufel bekannt ist, während die ältere Wortform davon, nämlich *krt* den Maulwurf, also Wühler bedeutet. Auf diese ältere Wortform führt auch Miklosich den polnischen Ort- und Familiennamen *Čarto-ryj* m., *Čerto-ryja*, f. (*Čarto-ryjski*, m.) nämlich auf *krtoryja*, Maulwurfsgewühle zurück (lexic. 1123), und zwar mit Grund, wenn die Naturdeutung den Ausschlag geben soll: wenn aber die Deutung im menschlichen Tun gesucht werden sollte, dann würde der Ortname einen Platz bezeichnen, worin „Striche gewühlt", gegraben würden und der Personennamen einen Menschen, der einem solchen Orte angehörte. Vgl. Erben, regesta 389. 722. v. Šafařík: Rozvětvení slov. kořene čar a čr. Starožit. 2. Aufl. 1862. II. B. S. 744.

Würde aber jemand einwenden, dass Mönch Chrabr ohne alle Romantik das Wort *črъty* mit dem Worte *čtěcha* verbindet, das wir: sie *zählten* mit Strichen, übersetzten, so würden wir antworten, dass wir dadurch nur die Mitbedeutung des *Lesens* ausschliessen wollten, keineswegs aber die zweite Mitbedeutung des *Verehrens*, da čis-ti (für čit-ti stehend) wohl numerare und legere, aber auch *colere* bedeutet: auch Chrabr *črъty nicht geradezu* mit čisti verbindet, da er *wörtlich* sagt: den mit *Strichen und Schnitten* (črъtami i rězami) verehrten und wahrsagten sie (čьtěchą i gataachą), ohne entscheiden zu können, was Chrabr wirklich meinte, da sich Gründe *für* und *dagegen* anführen lassen. Wir deuteten dies oben schon mit den Worten an: dass in dem Berichte Chrabr's fast eben so viel Schwierigkeiten, als Worte enthalten wären. Eine solche Vieldeutigkeit liegt auch in dem Worte *čarovati*, das bei den Böhmen nun nur zaubern, bei den Slovaken aber ändern, tauschen bedeutet.

Lassen wir vorläufig diese Schwierigkeiten auf sich beruhen und wenden uns zum zweiten Ausdrucke Chrabr's, zum Worte *rĕz-y*. Es ist desselben Stammes wie das deutsche *Risz* z. B. in Ab-risz, Grund-risz, das sich im goth. *v-rit-s*, Schnitt, Buchstabe, dem altd. *riz-an*, schreiben, wiederfindet. Der slav. Stamm kömmt gleichfalls in zwei Formen vor : *rat* und *raz*, wie es z. B. die Wörter altsl. *ratь*, Schlacht, böhm. *ratištĕ*, *ratisko* Lanze und *raz-iti*, schlagen (z. B. Geld) ob-*raz*, Bild ausweisen. Das poln. *raz*, Schlag, wird zum Zählen : raz, dva razy eben so gebraucht wie das deutsche ein-*mal*, zwei-*mal*, und das böhm. jeden-*krat*, dva-*krat*. Die Form *rĕz-a* fem. sing., rĕz-y pl., böhm. řez-ati, *řiz*-nouti (schneiden), ist nur die im Vocale potenzirte Form von raz, rat.

Dass aber in der Tat in Böhmen beiderlei Arten von Schriftzeichen: *einzelne* und zu *Gruppen* verbundene im Gebrauche waren, erhellet u. a. auch aus der Grünberger Handschrift. Dort nämlich sammeln zwei *sondernde* Jungfrauen (děvě sudně) die Stimmen der am Landtage versammelten in h. Gefässe, welche dann von Radovan gezählt werden. Es waren daher wohl die abgegebenen Stimmen eine Art Lose, *grĕb-y*, hřeby (wörtlich soviel als Eingegrabenes) mit unterscheidenden Malen versehen, wie wir solche auch in des Tacitus citirten „surculi *notis* quibusdam *discretis*" wahrnehmen ; mit *Malen*, wovon das eine etwa die Unteilbarkeit der väterlichen Verlassenschaft, das andere aber deren Teilbarkeit u. dgl. bedeuteten. Das waren also *črt-ky*. *Gruppenzeichen* liegen hinwiederum angedeutet in den Worten derselben Handschrift, die so lauten : Zwei hochweise Jungfrauen (erschienen vor dem Gerichte), bei der einen sind die *rechtaussagenden Holztafeln* (desky pravdo-datné), bei der anderen das Unrecht strafende Schwert. Unter dem Ausdrucke *desky*, fem. pl ursprünglich geschnittenes (vgl. das lat. discus) bedeutend, da die Wurzel dieselbe ist wie im skr. daç, griech. δαχ, können wohl nur Holzplatten, Holztafeln verstanden werden. Noch heut zu Tage nennt man in Böhmen und Mähren die Landesgrundbücher, die Hof- und Lehen-Tafeln *desky* oder abgekürzt *dsky*, *Landtafeln*. Die Jungfrauen werden sohin in dem Gedichte als die Hüterinen, daher wohl als die Bildnerinen der alten Rechtstafeln bezeichnet in analoger Weise, wie die alte *Edda* Frauen mythische Zeichen schneiden und lesen lässt (Atamâl hin gronlensku S. 4. 35.). Solche Tafeln kannten jedoch auch andere Slaven, z. B. die Russen. Die Novgoroder Annalen bezeugen nämlich zum J. 1208, dass bei einem Aufruhre die Bürger von Novgorod „čto na dъščьkachъ, was auf den *Tafeln* stund, dem Fürsten überliessen," (Šafařik, starožitn. 2. A. 2. Bd. S. 743—744). Diese russischen Tafeln waren freilich schon in Lautschrift abgefasst, woraus man jedoch nicht schliessen kann, dass die böhm. Tafeln der Grünberger Handschrift, gleichfalls in Lautschrift verfasst waren, denn was vom 13. *christl.* Jahrhunderte in Russland gilt, kann nicht ohne weiteres vom *heidn.* Böhmen *vor* dem Christentume gelten: wohl aber beweiset es die alte slav. Sitte : festes, zu Recht bestehendes in Tafelform zu verwahren.

Mönch Chrabr läugnet den heidn. Slaven die Lautschrift unter dem Namen *knigy* ab. Dieses Wort kommt im altsl. auch in der Form *kъnig-a* vor (Miklosich, lexic. 293) und ist in weibl. Form ausschliessend den Slaven eigenthümlich. Der Wurzel oder vielmehr dem Stamme nach schliesst es sich wohl an das deutsche *kunig*, *kuning*, m. d. i. König an, welches Wort lautlich herabgesunken sich in dem slav. knęzъ, böhm. knĕz, Fürst, demin. kniže, wiederfindet. Wir behaupten schon seit manchem Jahre, dass die Wurzel aller dieser Wörter dieselbe ist, wie in dem slav. Worte *kon-ati* gestalten, schneiden. altsl. *konъ* und *konъ* Anfang, Gestaltung, böhm. zá-*kon*, Gesetz, *kon-ec*, Spitze. Ende: so dass das Wort kniga, wenn auch nicht in dem Sinne Lautschrift, Bücher, Biblia, doch in dem Sinne: gestaltet, wohlgestaltet. bekannt gewesen sein muss, wie das Wort knĕz, Fürst, im ursprünglichen Sinne: activ, den Schneidenden, Bildenden, passiv: den gestalteten, wohlgestalteten bedeutet. Es ist bekannt, dass auch das Wort *Sanskrit* ursprünglich nichts anderes bedeutet als sam-s-krt, gestaltet, wohlgestaltet. Dieselbe Wurzel bilden, gestalten bedeutend, finden wir auch in den deutschen Wörtern: *Kunst*, *Künstler*, *können* und *kennen.*

Dies vermittelt uns nun eine Transgression zu dem böhm. Worte *černo-knižník*, Schwarz-Künstler, das man gleichfalls als einen Beweisgrund aufstellte für die Behauptung: die heidn. Böhmen hätten eine Lautschrift gekannt. Dies Wort ist nämlich kein *uraltes*, sondern kömmt zum erstenmale in der „Mater verborum" vor, welches Wörterbuch wir aus guten Gründen erst in das J. 1302 versetzen. Wäre es alt, so käme es auch im Jaroslav der Kön. Handschrift vor, da diese von den „*čaro-dĕje*, *hádači*, *hvĕzdáři* und *kúzelníci*" spricht. Es wird in der Mater Verborum mit *magi* übersetzt und ist wol nichts anderes als die mittelalterliche Uibersetzung des deutschen „*Schwarz-Künstler*," weil dies Lexicon *knižný* als *scitus*, *doctus* gibt. Die wörtliche Uibersetzung desselben, als einen, der *schwarze Buchstaben* macht, ist sohin eine petitio principii, die dazu nichts beweiset, weil diese sogenannten schwarzen Buchstaben auch schwarze Bilderzeichen und nicht Lautzeichen sein könnten.

4. Alte Ausdrücke, die sich ebenfalls auf die Begriffe Zeichen, Schreiben beziehen.

Wahrhaft uralte Ausdrücke für *Schrift* und verwantes sind: altslav. *pis-arъ*, m. der Schreiber, *pis-mo*, n., der Buchstabe, *pis-ati*, schreiben, *pis-anije*, n. das Schreiben, allen Slaven bekannt. Allein die gegenwärtige Bedeutung kam ihm wol erst mit dem Christentume zu, da die Wurzel *pis* ursprünglich graben, stechen, dann erst mahlen und endlich schreiben bedeutete. Es ist nämlich Wurzel *pis* nur eine Nebenform der Wurzel *pich*, stechen, altslav. *pich-ati* ferire, trudere, böhm. *pch-áti*. Das Wort beweiset sohin für eine ursprüngliche Lautschrift nichts, wol aber für eine derlei Bilderschrift. In der Tat bedeutet noch jetzt in Mähren *pisati* färben, malen (z. B. pisana jaja, rote Eier, Ostereier), wie auch in Böhmen im 14. Jh. noch *pismo* und *psáti* Gemälde und schreiben bedeutete.

Derselbe Fall tritt im Deutschen ein, wo goth. *mêl*-jan, ahd. *mâl-an* auch schreiben bedeutet, jedoch nicht ursprünglich in unserer Bedeutung, sondern als *malen* — während man *für* die auch den heidnischen Deutschen unbekannte Sache des Schreibens mit Lautzeichen den latein. Ausdruck *scribere*, schreiben, mit aufnahm.

Die Slaven haben wol auch denselben Stamm *ml*, *mal*, was vielleicht eine Nebenform von *mr*, *mar*, verderben ist, allein er verblieb bei den Slaven in der ursprünglichen Bedeutung: zerstücken, klein machen, wie im Deutschen in den Worten: Mühle, mahlen, Mehl, bei den Slaven in denselben Bedeutungen in *mlýn*, *mlíti* und *mal*, der kleine. Den Begriff des Zeichens: *Mal* z. B. in Denk-Mal, Mutter-Mal kann man durch den Uibergang der Bedeutungen: zertrümmern, verkleinern, eingraben, Zeichen machen vermitteln, aber auch so, dass ursprünglich Mal das verkleinerte Bild der abzubildenden Sache war.

Den berühmten deutschen Ausdruck *Rune*, unbekannter Urbedeutung, kennen die Slaven nicht, obschon sie dieselbe ähnliche Form, *run-o*, aber in der Bedeutung vellus, Vliess haben. Es wäre indess immer möglich, dass beide Ausdrücke derselben Wurzel *ru* entsprängen. Denn das slav. leitet man in der That von derselben Wurzel ab, indem altslav. der verstärkte Stamm *rŭ-v-ati*, böhm. r-v-áti für die Urbedeutung: runo zum Grunde gelegt wird, nämlich ausreissen, wie latein. vellus mit vello verwandt ist. Im Slovenischen heisst *run-a* eine Furche im Weinberge. Dieselbe Wurzel *ru* bedeutet aber in der geschwächten Form *ry*-ti auch graben (rov, das Grab), es könnte sohin auch *ru*-n-o, n. die Bedeutung: zerstückt, getheilt und mit dem deutschen *run*-a, f. dieselbe Urbedeutung haben. Doch man vergl. darüber auch W. *Grimm* über deutsche Runen S. 67. u. folgg.

Neben den Chrabr'schen Ausdrücken: *črta*, und *réza* kennen Böhmen und Russen noch ein Wort ähnlicher Bedeutung, womit man auch versucht werden könnte, das deutsche run-a f. wiederzugeben, nämlich *mét·a* Zeichen, Mal. So kennt die Mater verborum pa*mét*-a, f. oder pa*mět*, f. (denn das End-*i* ist im Codex fraglich), welches Wort Šafařík mit dem russischen po-mět-a, f. signum, nota (S. 228) zusammenstellt. Den Russen bedeutete in den ältesten Rechtsbüchern mět-člьnikъ, notarius, po-mět-a Signatur, mět-a Zeichen Doch ist die Geschichte dieser Wörter noch nicht völlig aufgehellt. Ihre slavische Urform wäre *mait*-a, das sich im goth. *mait*-an hauen, fällen, wiederspiegeln könnte.

Ebenso fraglich ist altslav. *buk*-y, f. Buche und Buchstaben bedeutend (Miklos. lexic. 48). In der Form *bukvy* bezeichnet es auch Briefe. Miklosich hält es für ein Lehnwort des deutschen *bucha*, Buche, böhm. buk, m.; ebenso wie schon Šafařík das altslav. *bukarъ*, grammaticus, mit dem goth. *bôkareis*, librarius, verglich. Allein das deutsche Buche ist ja selbst nicht speciell deutsch, sondern indoeuropäisch (fagus), warum sollte daher das slav. *buk* dies nicht auch sein, sohin auch die damit zusammenhängenden Ausdrücke nicht entlehnt? *Bukvarъ* ist slav. Alphabet, *bukvica* heisst bei Kroaten das glagolische Alphabet. Wie man im deutschen Buche, Buchenstab mit rûn-stab, skand. rúnastafr, ags. rûn-staef, rou-tafel mit einander vermittelt (Grimm, Runen, 61. 71—73) und auf die bekannte Stelle bei Venantius Fortunatus in dessen Briefe an Flavus (6. Jahrhundert): „barbara *fraxineis* pingatur *runa* tabellis" hinweiset: ebenso könnte man im slavischen buky, bukvy mit dem nachgewiesenen *desky*, Tafeln vermitteln, die immerhin von Buchholz gewesen sein konnten. Den späteren Lautbuchstaben benennen jedoch die Slaven auch *pis-mę*, n., böhm. pís-mě und pís-men-o, n. ursprünglich gemaltes, buntes bedeutend: buk-y und bukvy können sohin ursprünglich in Buchenholz geschnittenes bedeuten, wie das altslav. *bukva* auch *tabula* und pyxis bedeutet.

Ganz aufgeklärt ist, wie gesagt, die ganze Sache noch nicht, wie überhaupt das meiste wahrhaft altertümliche: durch Annahme einer Lautschrift im Heidentume würde aber dieses Dunkel zur völligen Finsterniss werden.

5. Deutsche und slavische Runen.

Allem diesem, was hier über die blosse Zeichenschrift im Heidentume gesagt wurde, stellt man aber die sogenannte Tatsache deutscher und slavischer *Runenschrift* als Instanz entgegen.

Aber diese „*Tatsache*" ist ja eben erst noch zu beweisen, in wie ferne man sie ins hohe Altertum, d. i. ins wahre Heidentum versetzt. Reichen ja doch selbst in Scandinavien die Runendenkmale nicht über das 10. Jahrhundert hinaus, ob schon die meisten davon Steindenkmale sind. Warum gelingt es mit den Futhork's oder Runenalphabeten solche Runendenkmale späterer Zeit *gut* und gleichförmig zu lesen: während man Runen auf altertümlicheren Gegenständen noch nicht ein einzigesmal mit voller Sicherheit und in Uebereinstimmung mit Andern las. Erklärt sich diese Tatsache nicht genügend durch die Hypothese, dass die alten, heidnischen Runen *nicht* Buchstaben in unserem Sinne, d. i. *nicht* Lautzeichen waren? Die *Runenalphabete* kommen tatsächlich erst in christlichen Zeiten vor und sind durch ihre 16 Zeichen schon im Verdachte, doch im Grunde nichts, als ein semitisches (aegyptisch-phönizisches) Alphabet zu sein (Dieterich: Enträthselung des odinischen Futhork durch das semitische Alphabet. Stockh. und Leipzig, 1864.). In der Tat ist die Entstehung der Lautschrift, wie wir oben schon hervorhoben, etwas so eigenthümliches, dass es kein Wunder nehmen würde, wenn sie ein *einzigesmal* in der Kulturgeschichte vorkäme, wie dies z. B. in anderer Hinsicht mit der siebentägigen Woche und mit dem Planetennamen der Tage der Fall ist. Nach *A.* *Weber's* Forschungen (Indische Skizzen, 127.) soll ja auch das indische Dêvanagarí dem allgemeinen und einzigen ägyptisch-semitischen Alphabete entspriessen Die Futhorke haben nun in der Tat ihre Eigentümlichkeiten, da sie nicht nur die *Namen* der Zeichen, sondern auch deren *Aufeinanderfolge* so bedeutend geändert vorweisen, ganz abgesehen von der *Figur* der Zeichen. Ein *blosser* Abklatsch des semitischen Alphabetes, wie es das griechische ist, sind die

Runen auf keinen Fall. Man vergleiche nur die Forschungen *Jul. Zacher's* darüber in seinem Werke : das goth. Alphabet und das Runenalphabet (Leipz. 1855). Wir denken uns nun deren Entstehung etwa auf folgende Weise. Das tiefe heidnische Altertum in Nordeuropa hatte eine unbestimmbare Menge mythischer Zeichen, und keine Lautschrift. Als Phönizier (Karthager), Griechen, Römer, endlich das Christentum in historische Berührungen mit dem Norden Europas kamen, den wir uns als einen autochthonen denken (Sitzungsberichte der kön. böhm. Gesellsch. d. W. in Prag, 1865. 4. Dezember S. 80—87.), entstand das Lautschriftbedürfniss durch die sichtbaren Vorteile des mitgebrachten semitisch-griechischen und die alte mythische Bilderschrift kam in den Kampf mit der mitgeteilten Neuerung, die desto dringender wurde, je mehr sich gegen die christlichen Zeiten hin der Nord Europa's mit dem Süden berührte. Weil eben der Nord an der *Bilderschrift* hieng, gieng eine Vermittlung zwischen beiden durch die *Namen* der semitischen Buchstaben vor sich, welche ursprünglich *Gedankenbilder* enthielten, Semiten erklärten z B. ihr *Aleph* als Stier, Rind, der Normann setzte dafür sein *Faihu* (feoh, fè) und nahm das Zeichen dafür entweder aus dem Bereiche seiner Runenmythenbilder, oder aus dem Bereiche der semitischen Zeichen, aus Gründen, die wohl nie mehr klar werden werden. So mag es gekommen sein, dass die Futhorke mit dem Buchstaben *f* begannen, d. h. mit faihu, Vieh, während die Semiten gleichfalls ihr Aleph (Rind) an der Spitze des Alphabetes hatten. Dadurch wurde das semitische Alphabet gewissermassen umgestürzt, d. i. von links nach rechts gelesen, d. i. die letzten semitischen Buchstaben wurden die ersten runischen.

Bekanntlich ist das Zeichen für Runen-Fè dasselbe wie das für das phönizische Aleph. Das Werk war dann zu Ende gebracht, als man die 16 Runenzeichen und Namen mit den 16 phönizischen Zeichen und und Namen ausglich.

Ob auch die Slaven ihre Futhork's hatten, ist eine noch ganz unentschiedene Sache. Einzelne für slavische Runen ausgegebene Zeichen und Zeichenreihen sind teils, wie die Obotritischen, äusserst verdächtig, andere sind eine offenbare Täuschung seiner selbst und anderer, wie z. B. die Zeichen am Bamberger Höllenhunde. Zur sicheren Tatsache ist hier noch nichts geworden. (Zur slavischen Runenfrage, Wien 1855. Archiv für Kunde österr. Geschichtsquellen, 18. Band.) Unwahrscheinliches, oder gar unmögliches liegt nichts im Wesen eines slavischen Futhork: da Slaven und Deutsche so viel gemeinschaftliches in ihren alten Kulturzuständen nachweisen : eine feurige Phantasie *könnte* sogar im Namen des slavischen Alphabetes, nämlich *Bukvar'*, die sechs ersten slavischen Runen eben so erblicken, wie im Namen *Futhork* die sechs ersten deutschen. Dass die oben genannten Alphabet führenden Völker auch an die Slaven herankamen, dass gleichfalls bei den Slaven das Schriftbedürfniss entstund, dass gleiche Ursachen gleiche Wirkungen haben u dgl., das alles kann mit Recht geschlossen werden : allein gegeben sind nur im Slavischen d. h. nachweisbar des Mönches Chrabr *črôty* (črtky, čáry), wie z. B. an den Königgräzer Goldgewinden und den slavischen *rovaše*, robaše d. i. Kerbhölzern, die zum Teile noch jetzt im Gebrauche sind — und die *rézy, méty, písmena* (im Sinne von Bildern) auf den slavischen *desky*, z. B. im Libušin soud.

Wäre wahre Lautschrift-Anwendung bei Deutschen und Slaven im Heidentume im Gebrauche gewesen, dann gäbe es gewiss auch bestimmtere Nachrichten darüber: gerade das Spärliche der Quellen hierüber lässt sich nur durch eine *Bilderschrift* erklären, die man sich jedoch durchaus nicht als ein allgemeines Gedächtniss- und Industrie-Mittel vorstellen kann, wie es die Lautschrift ist.

6. Die glagolische Schrift (Glagolica).

Wäre wahre Lautschrift-Anwendung, wiederholen wir nochmals, bei Deutschen und Slaven im lebendigen Gebrauche gewesen, dann hätte gewiss der gothische Bischof *Ulfilas* nicht nötig gehabt mit der gothischen Schrift bei den Gothen und der Slavenapostel *Kyril* mit der *glagolischen* Schrift bei den Slaven aufzutreten. Da dies aber geschah, so ist es auch ein Grund mehr, unter den wahren Runen — Rězy nur *Bilderzeichen* zu denken.

Der Ursprung des glagolischen Alphabetes selbst ist sehr dunkel, da die Nachrichten über dessen Urheber nur Legenden und diese selbst nichts weniger als klar sind. Dass der glagolische *Bukvarъ* eine Art Transscription der slavischen *Mêty* oder Runenzeichen in Lautzeichen sei, lässt wenigstens die Form, in der wir dies Alphabet erhalten haben, nicht zu, so sehr auch *B. Kopitar* und *J. Grimm* dafür gesprochen. Es kommen nämlich unter dessen Buchstabennamen Wortformen vor, die nicht slavisch sind, z. B. *Frъtъ* für das unslavische ph. Auch dadurch unterscheidet sich der Bukvar' von den Futhorks und dem gothischen Alphabete, dass deren Buchstabennamen *sinnliche Gemeinbilder* zur Bedeutung haben, sohin auf ehemalige Runennamen deuten können, während die Glagolica-Namen *dobro*, das gute, *iže*, dieser, *kako*, wie, *našь*, der unsere, *onъ*, jener u. dgl. zu solchen durchaus nicht taugen. Vgl. Fr. Miklosich Glagolitisch, in der Ersch- und Gruber'schen Encyclopaedie. Leipzig 1858. Darum hat man auch unsere Gestaltung der Glagolica für eine Verunstaltung eines früheren Alphabetes erklärt und z. B. Frъtъ als Missklang für goth. pairthr, азъ als solchen für den Runennamen ans (ôs), вѣдѣ als faihu (feoh), глаголь als ags. calc, иже als goth. eis (is), нашь als goth. nauths, отъ als othal, еръ als Runennamen yr oder als goth. urus u. dgl. mehr erklärt, welche Worte in der Tat sinnliche Gemeinbilder zur Bedeutung haben, allerdings aber der Glagolica den Charakter eines slavischen Alphabetes abstreifen. Das gilt nun von den Buchstabennamen: was aber die Zeichen betrifft, so scheint der Glagolica als Vorbild ein semitisch-griechisches Alphabet von 22 Zeichen vorgelegen zu sein, welche es später bis auf 31 einheimisch-slavische Zeichen, dann mit Ligaturen (Compendien) und fremden Zeichen auf 40

Buchstaben vermehrte, indem es entweder unslavische Lautzeichen z. B. *ph*, frъtъ, *ó* (griech. ω), otъ, *th* (ohne Namen!) aufnahm, oder *echt slavische* Lautzeichen ganz am Ende und zwar meist *namen-* oder doch *zahlen-los* anfügte, z. B. *ś*, *śa*, verklingendes *i*, *u*; dann das im Slavischen so wichtige *ě* (ursprünglich wohl ai, ia, eâ, ja, je (daher auch wohl der Name jať, jeť). Der Schluss ist sohin gerechtfertigt, dass die ältere Glagolica einst im Dienste einer *unslavischen* Sprache gewesen sei, ehe sie mit manchen unorganischen Unförmlichkeiten durch Kyrill einer altslavischen Sprache (altbulgarisch? alslovenisch?), die zumeist an Uebersetzungen aus dem *Griechischen* angewiesen war, adaptirt wurde. Solche Unförmlichkeiten sind z. B. das doppelte *i*, wovon das eine mit dem Zahlenwerte 20 eigentlich die slavische Spirans *j* zu sein scheint, da kurz *i* im Grunde der Buchstabe jerь ist: daneben kommen noch die ungeschickten Ligaturen ju, ja u. dgl. vor, gleichfalls hat die Glagolica ein dreifaches *z* oder *ź*, und wenn auch das eine davon ein sibillirtes *g* (dz) sein sollte, so steht wiederum ein Doppel-g mit dem Zahlenwerte 4 und 30 zu Gebote, wovon wenigstens das letztere, manchmal *djervъ* genannt, als *dj*, *j* nur durch schwächere Sibillation sich vom obigen dz, z unterscheidet. Die erwähnte Spirans *j* (Z. 20.) hat zum Zeichen das umgekehrte Zeichen der Sibillans *s* (Z. 200.). Die einfachen Lautzeichen der zusammengesetzten Laute *c* und *č* stehen dazu noch neben den zusammengesetzten Zeichen *śt* (šč).

Die Illusion, in der Glagolica ein reinslavisches Alphabet vor sich zu haben, ist sohin gestört: allein auch die Illusion hat kein Bleiben, dass es auch in der ihm äusserlich gegebenen Form eines slavischen Alphabetes für die vielen *böhmisch-slovakischen* (slovenischen) *Dialecte* nach dem J. 862 vollkommen gepasst hätte, zu denen es schon *fertig* (und zwar mit geschriebenen teilweisen Bibelübersetzungen) gebracht, unter diesen Dialecten in sein drittes Benützungsstadium trat, in welchem es eigentlich erst *historisch* geworden. Denn über die beiden vorhergehenden Stadien sind nur Vermutungen möglich. Nach diesen Vermutungen läge der Glagolica ein *altarmenisches* oder *aethiopisches* Alphabet zu Grunde, das vielleicht bei der Bekehrung der Chazaren benützt wurde (erstes Stadium), dann wurde es bei der Rückkehr in die Heimat slavisirt und bei der Bekehrung der Bulgaren (Boris) angewendet (zweites Stadium), wornach es erst in Grossmähren in sein drittes Benützungsstadium trat. Aber gerade in diesem dritten Stadium war die slavische Glagolica so wie die Sprache der Bekehrer in manchem Missverhältnisse zu den slavischen Dialecten in Mähren und Pannonien. Die Sprache der Bekehrer war nämlich die sogenannte altbulgarische (altsüdslovenische), welche in den zu bekehrenden Ländern nicht zu den Volksdialecten zählte, die unter andern selbst schon im 9. Jahrhunderte die Nasalen ę, ą, ję, ją nicht so auszeichneten, wie der Bekehrer Sprache und Schrift, und wohl auch den Unterschied der Halbvocale jerь und jerъ nicht mehr so einhielten wie diese, sie verhallen lassend oder durch andere Vocale ersetzend, auch ganz abgesehen von den Dialectverschiedenheiten der Formenbildung und des Lexicons. Wenn auch *nicht alle* Völkerdialecte gleich

weit von der Sprache der Bekehrer entfernt gewesen sein mochten, so ist
es doch nur eine Fiction, den grössten Teil dieser Völker zu *Süd-
slovenen* umzutaufen, denn das würde man doch noch den heutigen Dialecten anmerken. Die älteste christliche Literatur des böhmisch-slovenischen Stammes ist sohin in einem *nicht* böhmisch-slovenischen Dialecte
ins Leben getreten. Die glagolischen Prager-Fragmente und das älteste
Johannesevangelium bestätigen dies schlagend, die *Fragmente* in Sprache
und Schrift, das *Evangelium* wenigstens seitens der Sprache.

7. Die lateinische Schrift.

Dass die *lateinische* Schrift bei der Christianisirung des böhmisch-
slovenischen Stammes mit der *glagolischen* um die Ober-, oder gar um
die Allein-Herrschaft kämpfte, ist wohl eine so unläugbare Tatsache,
wie der Umstand, dass die Glagolica bei dem Kampfe den kürzern zog.
Streitig ist nur der Umstand, ob die *lateinische Sprache und Schrift*
schon *vor* der *glagolischen* oder *neben* ihr oder gar erst *nach* ihr bei
den genannten Stämmen herrschte. Jeder dieser fraglichen Momente fand
schon seine Verteidiger und Gegner.

Man wolle bei diesen Streitfragen ja nicht aus den Augen lassen,
dass die genannten slavischen Stämme selbst während der Dauer des
grossmährischen Reiches wohl nie *ein* politisches Ganzes bildeten, dass
sie, wie schon gesagt, dialectisch unterschieden und über einen sehr grossen
geographischen Raum verbreitet waren, in welchem östlich ganz andere
Einflüsse wirken konnten, als welche westlich wirkten.

Die Behauptung daher, dass *alle* diese Slavenstämme und *überall*
bis zur Ankunft der Slavenapostel *reine Heiden* geblieben, ist sehr un-
wahrscheinlich, wenn man bedenkt, dass sie fast ringsum von christianisirten Völkern umgeben waren. Kam daher das Christentum vor dem
9. oder im Beginne des 9. Jahrhundertes an *manche* dieser slavischen
Völker heran, so ist es keinem Zweifel unterworfen, dass es in der Form
des römischen Katholicismus, also mit *lateinischer* Schrift an sie heran-
kam. Es ist sohin *wahrscheinlich*, dass in *manchen* Puncten der weiten
Räume, worin diese slavischen Völkerschaften wohnten, die *lateinische
Schrift* früher eingeführt war, als die glagolische.

Es bleibt aber noch fraglich, ob sich das „*Wo* und *Wann*" dieser
Schrifteinführung nicht einigermassen *näher* bestimmen lasse.

Einer der frühesten Versuche der Christianisirungen Böhmens ist
jener, den man dem h. *Emeramus* zuschreibt, welcher zw. 605—652
lebte. Dieser Versuch ist jedoch historisch nicht näher zu beglaubigen.
Die Biographien des Heiligen sind in den Actis Sanctorum äusserst lücken-
haft und disharmonisch. Es scheint nur fest zu stehen, Emeramus sei als
Bischof von Aquitanien (Poitiers?) in fremde Länder gezogen, um sie
zu christianisiren. Sein Ziel soll vor allem *Avarien* gewesen sein, worunter man wohl damals *Pannonien* gemeint hat. Doch wurde er in

2*

„*Bajoarien*" in diesem Berufe festgehalten, wol nur darum, weil damals d. i. um das J. 649 eine Christianisirung der wilden Avarenhorden eine Unmöglichkeit zu sein dünkte. Ob Emeramus nun von Baiern auch nach Böhmen gekommen, ist durchaus ungewiss (Homiliar des Prager Bischofs. Einleitung von Pr. Hecht, S. XXVII. Prag, 1863). Es ist nun wol wahr, dass er in diesem sogenannten Homiliare, das, im 12. Jahrh. geschrieben, in der Univ. Bibliothek zu Prag u. d. Signatur 3. F. 6. aufbewahrt wird, patronus noster, ja sogar *praedicator noster* (fol. 120. v.) genannt wird: allein eben die ganze Supposition, dass dieses Homiliare in Böhmen von *einem* böhm. Bischofe herrühre, *ist irrig* (Wiener kathol. Kirchenzeitung, 1862. Nr. 33. 37. — Sitzungsberichte der kön. böhm. Ges. d. Wiss. 1866. 12. Nov.); denn das sogenannte *Homiliar* enthält drei Sammlungen von Canones und Musterhomilien, ja überhaupt von merkwürdigen Kirchenschriften (so kömmt z. B. auch Jonas der Vulgata darin vor), ist dazu noch eine üble Copie, wohl veranlasst durch einen deutschen Abt, und kein Original. Der h. Emeramus wurde in *Regensburg*, wohin man Böhmen, so lange es kein Bistum hatte, deutscherseits zu zählen pflegte, so wie in *Mainz*, wohin Böhmen als Bistum gehörte, vorzüglich verehrt, so dass auch die citirte Homilie nur eine (in Böhmen?) transscribirte, nicht aber auf Böhmen sich beziehende Homilie ist. In der Charta divisionis Francorum regni, 817. (Erben regesta, I. 18. H. Jireček codex juris bohemici, S. 8) wird Bajoaria von Böhmen ausdrücklich unterschieden. Aus den Biographien des h. Emeramus geht sohin nur so viel hervor, dass er in dem Complex der böhmisch·slovenischen Länder wirken *wollte*, factisch aber wohl nur in Bajoarien wirkte. In späterer Zeit, in der Zeit des h. *Wenzel*, war in der Tat ein Emeramusfest in Böhmen gefeiert, denn die sogenannte Petersburger Legende vom h. Wenzel sagt ausdrücklich: „pride že denь svjatago Emъraama, kъ njemuže oběščanъ sv. Vjaceslavъ." (Slavische Bibl. II. B. S. 274). Allein darin liegt kein Beweis, dass der h. Emeram zu seinen Lebzeiten in Böhmen gewesen, sondern nur, dass Böhmen einst wirklich zu Regensburg und Mainz gehörte.

Ein *anderer* Versuch einer Christianisirung Böhmens ist der in der Königinhöfer Handschrift im Gesange Zaboj und Slavoj erwähnte, den wir noch weiter unten näher kennen lernen werden. *Tomek* versetzt diese Tatsache zwischen die Jahre 728 — 748 (Abhandl. d. kön. böhm. G. d. W. 7. Band, S. 45, 46). Das Gedicht endet jedoch mit der Vertreibung und Vernichtung der fremden Schaaren, die mit Gewalt das Christentum einführen wollten. Eine *dritte* Christianisirung ist die allgemein bekannte der 14 böhm. Lechen im J. 845 in Regensburg. Allein diese fand nicht im Centrum des Landes statt, da der damalige Centralfürst Hostivit noch Heide blieb, auch ist es ganz unbekannt, *wo* die dadurch etwa veranlasste latein. Schrifteinführung partiell in Böhmen eingeführt wurde, *ob* und *wie lange* sie andauerte. In *Mähren* ist eine „*rudis christianitas*" im J. 851 nachweisbar und zwar in der Mainzer Synode (Monum. German. Leges I. 414. — Wattenbach, die slav. Liturgie in Böhmen. 1857. S. 209.). Aber trotz derselben sandte *Rastislav* im J. 863 um glagolische Lehrer. So ist auch in der Slovakei u. zw. in *Neitra* der Fürst *Privina* sogar im Beginne des 9. Jh. nach latein. Ritus getauft worden, allein von *Moimir* vertrieben fand er erst in *Mosburg* einen ruhigeren Sitz, wo sein Sohn *Kocel* einer der eifrigsten Förderer der Glagolica wurde. Gerade darum, weil das Christentum iu *deutsch-latein.* Form unter den Slaven nicht gedeihen wollte, mochten die slavischen Fürsten um slavische Lehrer gebeten haben. Und so ist denn doch der latein. Schriftgebrauch in den böhm.-slovenischen Ländern erst *nach* dem Falle der Glagolica daselbst allmählig als gemeingiltig nachweisbar.

8. Die Glagolica verbreitet sich von Pannonien nach den südslav. Ländern und von Grossmähren nach Böhmen.

Wir setzen hier als bewiesen voraus, dass die ursprüngliche Schrift der Slavenapostel *Konstantin* (Kyril) und *Methud* die *Glagolica* gewesen, obwohl wir wissen, dass diese Behauptung noch viele ehrenwerte Bekämpfer findet: wir setzen dies deshalb hier voraus. weil es unsere festeste Ueberzeugung ist und in so dunklen Dingen ein objectiver Beweis wohl nie hergestellt werden wird.

Für das Erscheinen der Glagolica in *Böhmen* setzen wir jedoch nicht das J. 871 als das Jahr der Taufe Bořivoj's in Velehrad fest, aus dem Grunde nicht, weil einerseits das eigentliche Taufjahr unbekannt ist, andererseits aber bei den damaligen disharmonischen Verhältnissen in Böhmen es mehr als wahrscheinlich ist, dass schon vor Bořivoj auch einige Lechen in Grossmähren zum slav. Christentume übertreten sein werden. Wie weit sich die Glagolica in *Grossmähren* und noch früher im *Pannonischen* Gebiete des Fürsten Kocel und von da aus nach den südslavischen Ländern (Kroatien) verbreitet hatte, ist im einzelnen wol nicht mehr nachweisbar. Sicher ist es jedoch, dass sie *von* den *Fürstenhöfen* (grady) aus in Pannonien, Grossmähren und Böhmen sich *über* das *Land* verbreitete und unter dem politischen *Fürstenschutze* stand. In diesem dreifachen Ländercentrum bildeten sich natürlich auch förmliche *glagolische Schriftschulen,* wie dies für Böhmen wol die am *Hrad-čín* (Hradčany) aufgefundenen glagolischen Prager Fragmente schlagend nachweisen, die schon ins neunte oder 10 Jh fallen Noch viel früher müssen derlei an den Höfen des mährischen Fürsten *Rastislav* und des pannonischen Fürsten *Kocel,* der schon 873 oder anfangs 874 starb, bestanden haben, da sich ohne sie die tatsächliche Verbreitung des Christentums mit slavischer Liturgie gar nicht denken lässt. Man vgl *J. Sriezmievskij* in den Izviestija archeol. obščestva vom J. 1861. 1862., wovon sich ein Auszug in Schmaler's Slav. Jahr-Büchern, 1862. I. B. S. 170; II. Band S. 5 befindet. Dann *Šafařik*: Stručný přehled liturg. kněh. Musejn. 1862. S. 291. Schmaler's slav. J. B. 1864 II. B. S. 27.

In den Prager glagolischen Fragmenten, welche in Böhmen gefunden, auch wohl in Böhmen geschrieben sein mögen, wenn auch nicht gerade in Sazava, finden wir die oben berührten drei z, ž, neben dj (g), eben so das doppelte *i* neben *ju*, *je*, *jq*, daher natürlich auch die Nasalen ę, ą, die Halbvocale ъ und ь, die unslavischen Laute ph, th: also kurz die altbulgarische Glagolica, so dass wohl auch angenommen werden kann, das zufällig in den Fragmenten fehlende *št* (šč) wäre auch darin gewesen. Es bestätigen diese Fragmente die obige Behauptung, dass die pannonisch-mährischen Bekehrer in einem fremdartig slavischen Dialecte das Christentum in Ungarn, Mähren und Böhmen verbreiteten, dass sohin auch die slavische Kirchensprache ursprünglich nicht der Landesdialect war. Vergl. jedoch Miklosich über die Nationalität der alten Mährer. (Světozor 1860. S. 5). Dies musste notwendig zur gegenseitigen Assimilation drängen, wie man es denn auch wirklich in den obengenannten glagolischen Fragmenten, mit Miklosich zu reden, mit Formen zu tun hat, welche keinen Zweifel darüber aufkommen lassen, dass man es mit einem Slaven *čechischen* Stammes als Abschreiber zu tun habe (Ersch. Encycl 420. b.). Wie weit und wie tief sich die glagolische Liturgie von den *drei Fürstensitzen* aus gegen die Landesperipherien hinverbreitet hatte, ist im einzelnen wohl unbestimmbar. Die entferntesten Gränzen mögen gegen Norden *Lausitz* und *Polen*, gegen Süden *Dalmatien* gewesen sein Vgl. J. E Schmaler: Die Lausitzer Serben erhielten das Christenthum von den Slaven, dann von den Deutschen (J. B. 1864. II. B. S. 33.). V. *Zelený*: de relig. Christianae in *Bohemia* principiis. Prag, 1855 (Programm des acad. Gymn.) gegen E. *Dümmler*: de Bohem. conditione Carolis imperitantibus, Lips. 1854., welcher jede slav. Liturgie sogar in Böhmen läugnete.

9. Die Kyrilica in Böhmen und Mähren.

Die Keime, welche die Slavenapostel von der *Glagolica*, was wörtlich Lautschrift bedeutet, in Bulgarien im zweiten Stadium ihrer Wirksamkeit zurückgelassen hatten, müssen tiefe Wurzeln gefasst haben, wenn man aus der Menge der aus dem Glagolischem transscribirten kyrilischen Handschriften und aus dem Vorkommen glagolischer Zeichen, Zahlenwerte und Worte in kyrilischen Handschriften einen Schluss ziehen darf. Auch der Name des bekannten „Abecedarium *bulgaricum*" bestätigt dieses. — Wie aber die Glagolica in Grossmähren einen Kampf auf Tod und Leben mit der lateinischen Schrift zu bestehen hatte: so kam in einen ähnlichen Kampf die Glagolica in Bulgarien mit dem griechischen Alphabete. Schon *Chrabr* erwähnte, dass christliche Slaven vor der Entdeckung der Glagolica *Slavisches* mit griechischen Lettern schrieben. Das griechische siegte auch hier insoferne, als man in das griechische Alphabet nur diejenigen glagolischen Lautzeichen aufnahm, welche es selbst, als Zeichen ungriechischer, wohl aber als slavischer Laute *nicht* besass. So entstand

die Kyrilica, die griechischen Zahlenwert neben glagolischen Buchstabennamen in sich aufnahm, also auf eine ähnliche Weise wie einst das *gothische* Alphabet, das man mit dem Namen des Bischofes Ulfilas verband.
Dieser Ausgleich scheint rasch den Slavenaposteln nach Pannonien und
Mähren auf dem Fusse gefolgt zu sein, ja es ist eben die Frage, ob
nicht schon *vor* oder doch unmittelbar *nach* dem Tode Methud's die
Kyrilica über Pannonien sich auch in Böhmen und Mähren einfand,
da man sich die Wirksamkeit der Slavenapostel in Pannonien und Mähren
wol *nicht* ohne *Zu-* und *Nach-*Züge christlich-slavischer Bulgaren denken
kann. In ihr, der Kyrilica nämlich, erwuchs dort von einer unerwarteten
Seite ein neuer Feind der Glagolica, wie sie einen erwarteten Feind von
Seite des Lateinischen bereits hatte. Die Kyrilica, als *griechische* Schrift,
mag bei dem beginnenden griechisch-römischen Kirchenschisma die slavische Liturgie mit in den Verdacht der Heterodoxie gebracht haben.
Wo das Griechische nicht vorherrschte, wie z. B. in Dalmatien, Kroatien,
wohin die Glagolica wol auch von Kocel's Hof aus sich verbreitet hatte,
was einigermassen die Sage von ihrem alten Ursprunge durch Hieronym
erklärt, da blieb die Glagolica aufrecht, ja sie ist es noch in unseren Tagen,
und selbst in Prag erweckte sie im Slavenkloster Emaus *Karl IV.* wieder, wo sie sich gleichfalls vielleicht bis auf unsere Tage erhalten hätte,
wenn die Husitenstürme nicht gekommen wären, und Hus sie nicht *latein-*
böhmisch transscribirt hätte (M. J. Husi orthographie česká. Slav. Bibl.
II. S. 173).

Ein Beweis der alten Herrschaft der Kyrilica in Böhmen liegt in
der schon genannten Wenzelslegende, die man irrig die Petersburger-
legende nennt, da sie doch zuerst Vostokov im Jahre 1827 im *Moskauer*
Viestnik (Nr. 17. S. 85—94) veröffentlichte. Vergl. Musejn. 1830. IV.
453—462. Slav. Bibl. II 270. Sie ist, obschon nur in einer Abschrift
des 15. Jahrhunderts bekannt, in *altkirchenslavisch-böhmischer* Sprache
geschrieben und scheint ganz nahe an das Leben des hl. Wenzels, also
an das 10. Jahrhundert der Sprache nach hinaufzureichen. Das Original
scheint sohin irgendwo in Böhmen oder Mähren *glagolisch* verfasst und
dann *kyrilisch* transscribirt zu sein, in welcher Form sie sich nach Russland hin verbreitete, da die kyrilische Schrift als griechische endlich dorthin flüchtete, wo die griechisch-katholische Kirche herrschte. Selbst in
der kyrilischen Abschrift sind noch die *Bohemismen* deutlich sichtbar
(Šafařík, Starož. edit. princeps, S. 779. — Musejn. 1837: S. 408. *M.*
Büdinger: zur Kritik altböhm. Gesch. 1857. Zeitschr. f. d. österr. Gymn.
VII. Heft.). *W. Wattenbach* verarbeitete sie kulturhistorisch in den Abhandlungen der hist. phil. Gesellschaft in Breslau, I Bd 1857. — In
dieser Legende wird nun erzählt, dass den hl. Wenzel seine Grossmutter
Ljudmila nach Art eines Priesters in *slavischer Schrift*, sein Vater aber
in Budeč in *latein.* Schrift unterrichten liess — ferner — dass er *latei-*
nische Bücher zu verstehen begann, wie ein tüchtiger — Bischof oder
Priester — und falls er ein *griechisches* oder *slavisches* Buch aus der
Hand legte, er es aus dem Gedächtnisse ohne Mühe recitiren konnte.
Es lauten die Ausdrücke über die Schriften im Originale so: naučiti

knigamō slovenьskimō po slĕdu popovu — uĕiti sja knigamъ *latijnьskimō* — i naĉa že umĕti knigi *latijnь*skija, jakože dobryj episkopъ ili popъ — da ašĉe ja rъzmjašĉ ja *greĉьskija* knigi ili *slovenьskija* (nach Miklosich: „quando deponebat *graecum* librum vel *slovenicum*").
Diesem nach schildert diese böhm.-russische Legende den hl. Wenzel hinsichtlich der Schriftaufnahme als ein Bild des *böhm.-slovenischen Volkes*, das eben zur Zeit Wenzel's schon dreierlei Alphabete kannte: das *glagolische* hier unter dem Namen *slavische Schriften* (Bücher) begriffen, dann das *kyrilische*, hier *griechische* Schrift genannt, *endlich* das *lateinische*, das siegreich über beide ersteben sollte Zugleich hören wir aus der Legende noch den ursprünglichen Namen der Glagolica, unter welchem sie durch die Slavenapostel eingeführt wurde, heraus, nämlich „*knigi slovenьskija*." Es ist dies derselbe Ausdruck, den Pabst Johann VIII. im J. 880 gebraucht, nämlich „litteras *sclaviniscas* a Constantino quondam repertas," als er die Glagolica Methud's billigte (Palacký ital. Reise. Abh. 1841. I. B. Facsimile) und derselbe Ausdruck, den der Mönch aus Sazava in seiner Chronik von dem Stifter des slavischen Klosters zu Sazava, dem hl. Prokop nämlich, gebraucht, wenn er von demselben sagt, er wäre „canonice admodum imbutus" gewesen „*sclaronicis* litteris a sanctissimo Quirillo episcopo quondam inventis et statutis" (Monum. Germ. Script. IX. 149): als *slavische* Lettern standen ja eben die glagolischen entgegen den graecisirten sogenannt kyrilischen, als auch den lateinischen. An wahrhaft *griechische* Bücher in der Hand Wenzels ist gewiss nicht zu denken.

10. Das Altkirchenslavische in lateinischer Schrift in Böhmen u. s. w.

Wir haben schon oben berührt, dass die Glagolica viel Unförmliches an sich trägt, als dass sie für eine angenehme Schriftart erklärt werden könnte. Als nun auch die Kyrilica nach Böhmen gelangte, die, wie gesagt, nur eine griechische *Transscription* der Glagolica ist, sahen darin die Geistlichen Böhmens einen Fingerzeig, wie auch sie sich von derselben befreien konnten. Nicht etwa durch blinde und allgemeine Annahme der Kyrilica, die wol nur hie und da gepflegt sein mochte und immerhin im Verdachte blieb, das Kirchenschisma zu fördern, sondern durch *lateinische Transscription* der Glagolica suchte man sich von der Glagolica und Kyrilica ganz zu befreien, und zwar dadurch, dass man *blos* mit lateinischen Buchstaben die bereits vorhandenen glagolisch oder kyrilisch geschriebenen heiligen Schriften überschrieb. Diese Methode beweiset schlagend das Fragment des *Johannisevangeliums*, welches man beschrieben und fascimilirt in Palacký's und Šafařik's ältesten Denkmalen der böhm. Sprache (Prag, 1840. S. 105—166) findet. Die Sprache darin ist noch die Sprache der Slavenapostel — mit Bohemismen vermengt, allein die Schrift der Interlinearversion ist durchaus, ebenso wie der Text der Vul-

gata, nur lateinisch. Dieses Schriftstück ist ein Beweis, dass die alt-
slovenische *Sprache* der Slavenapostel tiefe Wurzeln in den bekehrten
Ländern muss gefasst haben, da man Bestandteile der römisch-lateinischen
Liturgie mit altkirchenslavischen Formen übersetzte. Man kann dieses
merkwürdige Schriftstück in das 10. oder 11. Jahrhundert aus diplomatischen und sprachlichen Gründen versetzen. Der Uebersetzer hatte schon
die Vulgata vor sich, war sohin ein römisch-katholischer Geistlicher, der
aber noch der alten slovenischen Kirchensprache mächtig war, indem er
darin das Latein übersetzte. Der Ort, wo dies geschah, ist unbekannt,
denn das Pergamentfragment bildete den Einband eines *Görlizer* Buches.
Wie unter den Rusinen in Galizien die Geistlichkeit unter sich modern
rusinisch spricht, aber altkirchenslavisch betet: so sprach auch in Böhmen
die Geistlichkeit böhmisch, verrichtete jedoch die Liturgie altkirchenslavisch, so lange, bis auch böhmische Uebersetzungen der heil. Schriften
die altslovenischen verdrängten. Wir können hier wol den Namen:
„*Böhmen*" nennen, ja sogar auch *Mähren, Schlesien*, die *Lausitz* und
Slovakei hinzufügen, ohne auch den Ort, wo die Interlinearversion statt-
fand, zu kennen, weil in all' den genannten Ländern noch *andere* Beweise
von der Herrschaft des Altkirchenslavischen bei römisch-katholischer
Liturgie sich vorfinden.

So ist nach *Jos. Jireček's* Forschung ein ganz ähnlicher Text, wie
im ebenerwähnten Johannesevangelium (Jungm. histor. liter. S. 16, N. 3)
auch im Olmüzer *Evangeliare* vom J. 1421 (o českém původním pře-
kladě evang. 1859. S. 5—9) und im *Evangeliare*, das Jungm. S. 16.
N. 4 verzeichnete (Rozbor z lit. české, 2. Heft S. 33), denn obwol
dies Evangeliar nicht vor dem 14. Jh. überschrieben ist, so weisen
doch manche Ausdrücke wie z. B. samoho, samomu, samiem auf nicht
böhmische Urformen hin.

In dem ganzen Bereiche der böhm.-slovenischen Völker kennt die
kathol. Kirche auch das uralte Kirchenlied *Gospodi pomiluj ny*, das
dem Inhalte und der Form nach ein Rest slavischer Liturgie ist. Bei
dem andern gefeierten Kirchenliede: *Svatý Václave* ist in dem erhaltenen Texte allerdings kein Altbulgarismus mehr vorzufinden: doch einerseits die Reimlosigkeit, andererseits die einfache Dreistrophenform, worauf
sich dies Kirchenlied zurückführen lässt (Šembera Dějiny řeči a liter.
2. Aufl. S 193 und J. Feifalik altčechische Leiche, Wien 1862, S. 9
(oder 643 der Sitzungsberichte. Dalibor. 1862. S. 201), lassen dies
Kirchenlied gleichfalls als einen Rest der slav. Liturgie erscheinen. Von
andern sprachlichen Resten in der Kirchenterminologie, die von den Slavenaposteln herrühren, spricht *Jireček* im Wiener Světozor 1858. S. 27.
Aber auch noch die sogenannte Mater verborum, die wir erst in das
J. 1302 verlegen, hat in ihren Interlinearglossen genug Ausdrücke, welche
auf die slav Liturgie hinweisen. Dahin rechnen wir z. B. *Blahodobe*,
eufemia; *blahovole* eudochia ; *blahoslove*, eulogium, *bledi* (d. i. blędi)
stulti ; *pravoslavný*, orthodoxus (gerade wie es noch die griech. Kirche
nennt) u. a. —

11. Glagolica und Kyrilica neben lateinischer Schrift.

Gewöhnlich leitet man den Fall der Glagolica und der slav. Liturgie in Böhmen und Grossmähren von der Vertreibung der Nachfolger und Anhänger des h. Methudius ab. Kyril sei schon im J. 869, Methud aber im J. 885 gestorben, was zugleich als Signal galt, dass mit der persönlichen Autorisirung der Apostel die objective Autorisirung der slav. Liturgie gefallen wäre. Allein in Kroatien und Dalmatien erhielt sich diese Liturgie in glagolischer Form bis auf unsere Tage, sogar trotz manchem päbstlichen Verbote. Es muss sohin mit dem Falle derselben in Mähren und Böhmen ein eigenes Bewandniss gegeben haben. Uns dünkt, dass dies in einem zweifachen Umstande gelegen war. Die Berufung der Slavenapostel war nämlich selbst, wie es scheint, mehr ein *politischer,* als wie ein kirchlicher Act: die slavische Liturgie sollte den innern Verband des zu gründenden slavischen Reiches abgeben: wogegen die Deutschen von allen Seiten, die Magyaren aber von Osten her Einsprache taten, obschon, wie ihre Sprache ausweiset, sie selbst von slavischen Kulturmomenten gehoben worden waren. Die slavische Liturgie war auch zu künstlich eingeführt worden, sie basirte mit ihrem fremdartigen Dialecte mehr in dem Willen der Fürstenhöfe, als im Gemüte des Volkes und ihre Vertreter waren, wenn auch Slaven, doch zumeist wol Fremde. Den andern Umstand deuteten wir schon oben an: nämlich in dem Eindringen der *Kyrilica,* die wir in Grossmähren noch vor der Vertreibung der Anhänger Methuds bereits vermuten. Denn die Kyrilica schien durch ihre griechischen Buchstaben und Kirchentexte das Kirchen-Schisma zu fördern, so dass die Fürsten, falls sie dieselbe begünstigten, die Billigung Rom's einbüssen zu müssen vermutet haben mögen. Als daher die Fürsten ihre schützende Hand davon abzogen, da traten die durch die slav. Liturgie ohnehin nur momentan zurückgedrängten Deutschen auch als politisch und römisch gesinnte Partei hervor. Die Anhänger der slav. Liturgie waren vermutlich selbst in 2 Parteien: in die der Kyrilica günstige und in die Partei geschieden, welche die Glagolica aufrecht erhalten wollte: die *Kyrilisten* mögen sohin auf ihrer Flucht nach *Bulgarien,* wo die Kyrilica gewiss weit vor dem J. 916, dem Todesjahre Bischof *Klemens,* schon bekannt und von ihm nur weiter begründet war, sich gewendet haben und zur eifrigen Transscription glagolischer Schriften in kyrilische geschritten sein. Die *Glagolisten* aber mögen durch die ehemaligen Besitzungen des Fürsten Kocel, worin kein griechischer Einfluss sie hemmte, gegen den Süden Europas vorgedrungen und dort die Herrschaft der Glagolica bedeutend gefördert haben. Dass nicht alle Verfolgten geflohen, sondern dass *heimliche Anhänger* in Mähren und Böhmen zurückgeblieben, so wie dass auch von den Fliehenden sehr viele in den Klöstern Pannoniens nur einen günstigen Umschwung der Verhältnisse abgewartet haben mögen, liegt nicht nur in der Natur der Sache, sondern lässt sich auch aus manchen historischen Andeutungen erschliessen. So ist es z. B. Tatsache, dass in Bulgarien und Russland die Kyrilica die Glagolica *ganz* verdrängte, während von

Kroatien die Glagolica sich bis nach Dalmatien hinzog und im Süd-Westen fasst allein herrschte, während gegen den Süd-Osten zu die Kyrilica vorherrschte und einen Hinterhalt an den Bulgaren fand: in Pannonien aber hielt sich die Glagolica und Kyrilica lange Zeit, bis in das 13. Jahrh. hin, das Gleichgewicht. Dass zwischen dem böhm. Sazava-kloster und den slavischen Klöstern im nördlichen Ungarn enge Bande noch zur Zeit Spitihněv II. und König Vratislavs bestanden, zeigen die Scriptores rerum Bohemicarum deutlich genug (I. S. 97, 98, 102, 204). Dass zwischen den geflohenen und den rückgebliebenen heimlichen An-hängern Verbindungen fort erhalten wurden, lehrt ebenfalls die Natur der Sache, namentlich da man sich im 10. und den nächsten Jahrhunderten Böhmen und Mähren weder politisch vollständig centralisirt, noch auch dialectisch vereinigt denken darf.

Dass die Kyrilica neben der Glagolica in diesen Ländern zugleich herrschte, siehet man u. a. in dem Riesencodex, den aus Podlažice in Böhmen die Schweden nach Stockholm entführten (Dobrovský's literar. Nachrichten. Pg. 1796. S. 35—47. Pečírka's Referat im Musejník, 1851. 1. und 2. Heft.). Dieser Codex, der dem 13. Jahrh. angehöret, hat näm-lich auf dem Deckel ein kyrilisches und ein glagolisches Alphabet, etwa um das J. 1400 hinein geschrieben (Dobrovský, Gesch. d. Lit. 1818. S. 57). Auch in manchen Handschriften der Prager Univ. Bibliothek findet man solche Alphabete noch aus husitischen Jahrzehenden: ja das Alphabet, welches man dem Hus zuschreibt, ist, wie oben schon angedeutet wurde, offenbar nur nach dem Muster der slavischen Alphabete hergestellt und sind die fremdartigen Buchstaben-Namen in böhmische Namen verwandelt worden. Die aufgeschriebenen kyril. und glagolischen Alphabete setzen einerseits (wie ehemals die von Mönchen aufgeschriebenen Futhorke) schon einen Mangel an der Fertigkeit im Lesen voraus: aber doch noch den Besitz von glagolischen und kyrilischen Codices, da niemand einen Schlüssel verwahren wird, dessen Schloss schon ganz verloren gegangen wäre. So ist in der Tat in der glagolisch geschriebenen böhmischen Bibel (17. A. 1.) vorn am Deckel ein glagolisches Alphabet zugeschrieben, aber von einer ganz andern Recension, als der Bibel selbst zu Grunde liegt. In dieser glagolischen Bibel, welche 1416 in Emaus beendet wurde („unter dem slavischen Abte Křiž. Diese Bibel ist geschrieben von den Klosterbrüdern, aber nicht von kroatischen Schreibern," u. zw. ist der Text böhmisch-kroatisch), wird der altertümliche Laut g mit dem glagolischen Zeichen, das böhm. h, das erst aus altslav. g wurde, jedoch mit kyrili-schem Zeichen kennzeichnet, wie es auch der Fall ist in der Handschrift 11. A. 14. Blatt 242 vom J. 1436, wo in dem glagolischen Alphabete dem kyrilischen g das glagolische g voransteht, gewiss ein Zeichen, dass in Böhmen das Andenken an den Gebrauch der Glagolica und Kyrilica bis in die Mitte des 15. Jahrhundertes nicht erlosch. Der Text der gla-golischen Bibel enthält noch viele Archaismen der altslav. Liturgie, ob-schon er im ganzen in der böhm. Sprache des 15. Jahrh. geschrieben ist. Der Text des Codex 11. A. 14. aber, worin das glagol. Alphabet geschrieben ist, ist selbst eine böhm. Bibel mit folgendem Explicit: „A

psany su na Kosti hradu in rubea turri per Andream Figuli de Roki-
cano plebanum in Zerřic a. d. 1436... Vgl. J. Jireček im Musejník
1864. II. 144 und Kolář in den Sitzungsberichten d. königl. böhm. Ges
3. Decemb. 1866. In *Raigern* (Rajhrady) in Mähren verwahrt man wiederum das *latein*. Martyrologium, „Odonis" genannt, das aus dem 10.
Jh. stammen soll. Es enthält mitunter *kyrilische* Zeichen und *altslavische*
Randglossen. Dort verwahrt man auch den Anfang einer Homilie des
Joh. Chrysostomus mit *kyriliseher* Schrift. Er soll einem latein. Codex
des 9. Jh. beigeschrieben sein.

12. Text du Sacre oder das slavische Evangeliar zu Rheims.

Dem ersten Anscheine nach könnte man auch das in der Aufschrift
genannte Evangeliar als einen Beweis des Vorhandenseins der Glagolica
und Kyrilica neben einander in Böhmen anführen, da dies Evangeliar
in der Tat aus einem glagolischen und aus einem kyrilischen Teile
besteht. Dies ist aber aus *inneren* Gründen untunlich.
Der erste mit dem zweiten, glagolischen Teile, *nicht* zusammen-
hängende *kyrilische* Teil ist sogar unter dem Namen des *St. Prokops
evangeliums* bekannt, unter welchem Namen es dem Kaiser Karl IV.,
welcher, wie schon das Marcus-Evangelium im Prager Domschatze beweiset, in diesen Dingen nicht kritisch genug vorgieng (Liter. působení
J. Dobrovského. 1867. S. 7. Abhandl. d. kön. böhm. Gesell. zu Prag.
15. Band), verkauft wurde. Da Procop, erster Abt des berühmten slavischen Sazavaklosters, schon 1053 starb, müsste dies Evangeliar von
ihm etwa in den Jahren 1030 – 1053 geschrieben worden sein. Das ist
nun, weder aus *inneren*, noch aus *äusseren* Gründen möglich. Es scheint
nämlich der kyrilische Teil nicht einmal von einer Hand geschrieben zu
sein, da u. a. z. B. mit dem Bl. 17. *Pergamen* und *Schrift* sich ändern.
Im 11. Jahrhunderte hätte auch niemand eine so verderbte altslav.
Sprache sprechen und schreiben können, wie solche die einzelnen Fragmente ausweisen. Es ist wohl nur ein Produkt aus dem Anfange des 14.
Jh. und Karl IV. offenbar unterschoben worden. Vgl. B. Kopitari: prole-
gomena histor. in Evangelia Remensia. Slav. Bibliothek, I. S. 80. Der
facsimilirte Text ist in der Prager Univ. Bibliothek (26. C. 57). Die
Beschreibung siehe im Prager Musejník, 1840. S. 188. Ausführlich
schrieb aber über den kyril. Teil· *P Biljarski* in seinen Sudьby cer-
kovnago jazyka. St. Petersburg, 1848. 2. B. S. V—VII. Dort findet
man auch die gesammte Literatur über dies ereignissvolle Evangeliar und
dann S. 283. das kurzgefasste Urtheil darüber, welches dahin lautet,
dass der kyrilische Teil eine Copie aus dem 14. Jh. sei, die irgendwo im
Süden Europas (Wallachei) nach einem mittelbulgarischen Originale verfertigt wurde. Der glagolische Teil aber ist mit der kroatischen Glagolica von einem Mönche im Slavenkloster zu Emaus, dem Karl IV. das

sogenannte Procops Evangelium geschenkt hatte, im J. 1395 hinzu geschrieben.

Immerhin hat es aber für die Geschichte der Glagolica und Kyrilica in Böhmen eine grosse Bedeutung, namentlich in Anwendung auf den Ruf des Prokopsklosters in Sazava. Man kann nämlich wol folgende Momente desselben unterscheiden.

1. Der h. Procop schrieb glagolisch. Dies folgt einerseits aus der gegenwärtig herrschenden Ansicht von der Priorität der Glagolica in Verbindung mit den Worten des Mönches von Sazava: Procopius, natione Bohemicus, *sclavonicis* literis a S. Quirillo — inventis — admodum imbutus (Script. rer. Bohem. I. 90).

2. Im J. 1079, also 26 Jahre nach dem Tode des h. Prokop's bat Vratislav den Papst Gregor VII. um die allgemeine Wiedereinführung der noch hie und da giltigen slav. Liturgie, „quod secundum *sclavonicam* linguam *apud vos* (also auch am Hofe) divinum celebrari annueremus officium," was jedoch der Pabst als eine *vana temeritas* verwarf mit der Bulle vom 2. Jänner 1080.

3. Vratislav hob jedoch darum doch die slavische Liturgie im Sazavakloster *nicht* auf: sondern führte sie nur nicht allgemein ein. Dagegen wird jedoch von Uneinigkeiten unter den Mönchen im Sazavakloster Erwähnung getan, die wir uns nicht blos in der Eifersucht der Mönche mit dem Abte, sondern auch in dem Streite der Glagolisten und Kyrilisten in dem Kloster gegründet vorstellen. Denn dass in irgend einer Zeit auch die Kyrilica im Prokopskloster Eingang gefunden haben musste, folgt schon daraus, dass man ein *kyrilisches* Evangeliar, als Prokops-Evangelium, dem Kaiser Karl IV. zu unterschieben wagte, welches er dem glagolischen Emauskloster schenkte.

4. Erst nach dem Tode Vratislav's vertrieb Břetislav die hadernden Mönche und setzte den Abt Diethhard aus dem Břevnoverkloster als Vorstand ein. Dieser scheint selbst die slavisch geschriebenen Bücher nicht gleich vertilgt zu haben, sondern neben ihnen (praeter sclavonicos) sich um lateinische Ritualbücher bekümmert zu haben, wie er denn auch noch dann einige slavische Mönche aus Barmherzigkeit im Kloster duldete (Palacký, dějiny, 1848. S. 359).

5. Es ist die Frage, ob nach der Umwandlung des Slavenklosters zu Sazava an andern Orten Böhmens doch nicht noch einige Reste der slavischen Liturgie sich vorfanden, welche auch zu Zeiten Karl IV. noch einige Wurzeln hatten, um es erklärlich zu machen, dass *Pabst* und *Kaiser* im J. 1347 ein *glagolisches* Kloster zu Prag „*na Slovanech*" unbedenklich gründeten, welchem Karl IV. das *kyrilische* Prokops-Evangelium als Geschenk verehrte. In Ungarn erhielten sich factisch einige Klöster slav. Liturgie unter der Oberhoheit Roms bis in's 13. Jh. (Palacký l. c. S. 359.) Anm. 358. Im Grunde kann man auch schon aus der päbstlichen Bulle, womit das Prager Bistum gegründet wurde, das damalige Vorhandensein der *Kyrilica* und *Glagolica* in Böhmen erschliessen; denn da heisst es, es solle das Bistum nicht beruhen secundum *ritus aut sectam Bulgarice gentis vel Ruzice*, was auf die Kyri-

lica deutet, *aut slavonicae linguae*, was wiederum auf die Glagolica weiset, sed *magis* sequens instituta et decreta apostolica u. s. w., wie es Cosmas anführt. Offenbar, und zwar mit Recht, ist hier der *ritus* Bulgaricus oder Russicus entgegengesetzt dem *ritus* slavonicae linguae: auch wird im Grunde nur befohlen, es solle das Bistum „*magis*" (nicht also schlechthin) nach latein. ritus geordnet werden und in der Tat finden sich, wie oben angedeutet wurde, noch heut zu Tage *Kirchenhymnen* im lat. Ritus, die dem slav. Ritus entsprangen. — Was eigentlich *Karl* IV. mit dem slav. Prager Kloster zu Emaus bezweckte, ist noch nicht mit Sicherheit zu bestimmen. Man vergleiche z. B. seine Bestimmungen in der goldenen Bulle zu Gunsten der slav. Sprache mit seiner neuen Gründung des slavischen, ja specifisch *böhmischen* Chorherrnstiftes zu *Ingelheim*, dem heil. Wenzel geweiht, wohin der Pfalzgraf (palatinus) das Handbuch (viaticum) des Hus, worin dieser sich im Kerker zu Konstanz Notate machte, nach dem Tode des Hus sendete. Diese Notiz ist von der Hand des Kříž z Telče, welcher zu Ende des 15. Jh. lebte, erhalten, ein Beweis, dass noch in dieser Zeit die Schöpfung Karl's zu Ingelheim in Beziehungen zu Böhmen stund. Vgl. die Sitzungsberichte der kön. böhm. Gesell. zu Prag am 3. Juni 1867. Das Ingelheim'sche Kloster war nur ein Abzweig des Karlhofs Klosters zu Prag (am Karlov).

13. Die lateinische Schrift im Dienste des weltlichen Böhmens.

Bisher betrachteten wir die Glagolica und Kyrilica im Dienste der *Liturgie*. Eine andere Frage entsteht nun in Beziehung des *weltlichen* Schriftgebrauches.

Alle kyril. und glagolischen Schriftreste, die sich bisher in der Oeffentlichkeit zeigten, waren kirchlichen Inhaltes (Hanka : Ostatky slovanského bohoslužení v Čechách, Prag, 1859.). Erhalten hat sich sohin nichts Weltliches in glag. oder kyril. Form. Es ist wol nichts unmögliches, anzunehmen, dass die einzelnen geistl. Personen glagol. und kyril. Liturgie mit ihres Gleichen in Böhmen, Mähren, Pannonien — ja sogar mit solchen in Bulgarien, Kroatien und Dalmatien im Briefverkehr waren, der immerhin zum Teile ein weltlicher gewesen sein mag. Allein einen tatsächlichen Beweis eines solchen herzustellen, ist bisher nicht möglich geworden. In südslavischen Ländern, sowohl kyrilischer als glagolischer Liturgie, ist ein solcher Schriftgebrauch nichts seltenes, wie es sich noch neulich in der Sitzung der kön. böhm. Gesellschaft zu Prag 1865. 30. Oktober an der glagolischen Urkunde aus Vokšic vom J. 1484. in kroatischer Sprache zeigte, welche gegenwärtig in der Univ.-Bibliothek aufbewahrt wird. Doch auch beim weltlichen Gebrauch der Schrift ist noch ein Unterschied zwischen *öffentlichem* und *diplomatischem* Schriftgebrauche der Höfe, wie oben berührt wurde, und jenem der *Privaten* zu machen.

Die Untersuchungen über den fraglichen Privatgebrauch der Glagolica und Kyrilica müssen vor der Hand auf sich beruhen.

Dass die Glagolica und Kyrilica nicht zum diplomatischen Schriftenwechsel bei den Höfen gelangte, ist mehr als wahrscheinlich, da sie auch im Süden wohl nur Schrift der Geistlichkeit blieb. In Bezug auf die böhmisch-slovenischen Länder ist die *lateinische Schrift und Sprache* tatsächlich die diplomatische, sowohl an den Fürstenhöfen als auch am Hofe des Papstes gewesen, und zwar sogar noch *vor* der vollen Christianisirung dieser Länder. 1. So schrieb z. B. Papst Gregor III. an alle deutschen und slavischen Fürsten im J. 739, dass sie dem (h.) Bonifac Gehorsam leisten sollten, auch sollten sie verabscheuen alle *Zauberer* und *Loswerfer*, alle *Todtenopfer*, den gesammten *Wald-* und *Quellen-Dienst*, die *Angebinde*, *Bezauberungen*, so wie überhaupt alle gottlosen Gebräuche. Der h. Bonifac führt in seinem Ermahnungsbriefe an den sittenlosen Ethibald im J. 745 die heidn. Slaven als ein Muster auf, indem er an die wendische Sitte, dass das slav. Weib mit dem Manne beim Verbrennen des Leichnams sich mit verbrenne, anspielt; obschon er des slavischen Heidentums halber die Slaven die hässlichste und ärgste Menschengattung nennt. Papst Johannes VIII. sagt dagegen in der Zuschrift an *Kocel* (Cozili) zwischen den J. 873—882, dass der Gebrauch, Frauen zu verstossen oder noch bei ihren Lebzeiten neue Ehen zu schliessen, ein Rest heidnischer Sitten sei (Erben: Regesta, S. 2. 15). Auch an den mähr. Herzog Svatopluk schreibt Papst *Joannes IX.*, er berufe den Erzbischof Methud nach Rom, da er vernommen, Methud lehre anders, als er sollte. In dem Briefe an Methodius selbst (von demselben Datum, 18. Juni 879) wiederholt er nicht blos dies, sondern sagt auch, dass Method „die Messe *slavisch* lese." Es war diese Berufung nach Rom wohl die Folge übertriebener Denunciationen. Als der Papst nun den Method in Rom orthodox befunden, empfahl er ihn im J. 880 dem Svatopluk und unterordnete demselben sogar den deutschen Bischof von Neutra *Wiching.* In demselben Briefe belobt er die oben schon genannten „litteras sclaviniscas" (l. c. S. 17. 18). Diese Urkunden und Briefe weisen sohin nicht nur die latein. Schrift und Sprache als die diplomatische nach, sondern lassen auch Einblicke in das precäre der slav. Liturgie tun, um annehmen zu können, dass sich die Glagolica zur weltlichen Schrift nicht habe herausbilden können, wir sagen die Glagolica, weil diese vorzugsweise die *slavische* Schrift „*slovĕniska,*" wie sie Method selbst vor dem Papste mag genannt haben, hiess, da diese unlateinische, wohl aber slavische *Wortform* in der latein. Urkunde des Papstes noch durchklingt. Die Urkunde vom J. 971, wodurch das Prager Bistum sammt dem Georgskloster am Hradčin gegründet wurde (l. c. S. 29.), haben wir schon oben angeführt. Von der Zeit an wurde also mit dem Bischof *Thietmar,* der ein geborener Sachse war, im Centrum des Landes das latein-germanische Christentum eingeführt. Dass der Herzog einen Deutschen wählte, da der Papst doch nur einen „*latinis* adprime *literis* eruditum" haben wollte, weiset wohl darauf hin, dass die meisten Slaven in Böhmen noch Anhänger der slav. Liturgie waren. Nun wurde vom Landes-Centrum aus dasselbe nötig, was wir oben im Sazavakloster den ersten lateinischen Abt auch üben sahen, nämlich slavische Manuskripte ins Latein zu übertragen. So sagt z. B. in den Actis sanctorum der Rollandisten 2. Juli, S. 140 der latein Legendist beim Leben des h. Procop, dass er diese Biographie einer Prager Handschrift entnehme, die *„slavonicis literis,"* also glagolisch abgefasst war.

Als eine Art diplomatischer Urkunden sind auch 2. die *Münzen* anzusehen. Die älteste Form derselben, die Goldgewinde enthalten nur Gewichtszeichen (Die alterthümliche Sitte der Angebinde bei Deutschen, Slaven und Litauern. Prag 1855. S. 26.). Die eigentlichen böhm. und mähr. Münzen beginnen mit Boleslav im J. 936. In deren *lateinischen* Legenden sind literaturhistorisch die Personen und Ortsnamen wichtig. Doch ist dieser ganze Zweig, auch in Hinsicht der Literaturgeschichte, noch einer genauen Kritik zu unterziehen. Glagolische oder kyrilische Legenden fand man in Böhmen und Mähren nicht. (Vgl. Hanka in den Památky archael. 1855. S. 234—328; 1856. S. 42—336; 1859, S. 41— 369; 1860. S. 85—184).

3. *Stiftungsurkunden* von Bistümern, Klöstern bilden eine Art Uebergang von wahrhaft diplomatischen Urkunden der Höfe, zu Privaturkunden. Auch sie, welche für Kultur- und Literaturgeschichte auszubeuten selbst an einer unterschobenen Urkunde, dem Brevniover Stiftungsbrief vom J. 993, Dobrovský gelehrt (Abhand. der kön. böhm. G. zu Prag. 1785. I. Bd. S. 101. dann 1867. 15. Bd., Dobrovský's literarische Wirksamkeit. S. 18. 30.), sind bisher nur in latein. Sprache und Schrift bekannt geworden, doch enthalten die Formen der Personen- und Ortsnamen gar oft wichtige Beiträge zur Linguistik und Literaturgeschichte (Vgl. Šembera: dějiny. 2. Aufl. 1859. S. 56. 57.). Die hauptsächlichsten aus den älteren Zeiten sind etwa:

α) Der *Leitmerizer* Stiftungsbrief angeblich zw. den J. 1055—1061 aufgesetzt. Er ist allerdings seitens dieses Alters unterschoben, doch getreu genug aus einem alten Originale copirt, wie u. a. alte Namensformen beweisen (Dobrovský in den Abh. 1785. 193. 194. Geschichte d. böhm. Spr. u. Liter. 1818. S. 80. 81. Aelteste Denkmäler. 1840. 199.): so z. B. die Locale *Doljas* (Doleas) in Doljany, *Trnovas* (Trnuovas) in Tirnovany, Worte mit g statt h, z. B. gostinné, Zollgefälle der Fremden, Kaufleute, *grnečné,* Zoll für Gefässverkauf u. dgl.

β) Die Urkunde *Vratislav's* bei der Stiftung der Vyšehrader Collegiatkirche v. J. 1088, die jedoch nur aus spätern Abschriften zusammengestellt ist (Erben, regesta. S. 77.).

γ) Die Zusatzurkunde zur Vyšegrader Stiftung unter Soběslav im J. 1135. (Erben. 99.).

δ) Urkunde über die Uebertragung des Bischofsstuhls von S. Peter zu S Wenzel in Olmütz, 1131. (Erben, 96.). Ausführlich spricht davon Šembera in der 2. Aug. d. Lit. Gesch. S 56. 57.

4. *Mortuarien, Nekrologien,* so z B. das Mortuarium im oben genannten codex giganteus, es enthält eine Menge linguistisch und kulturhistorisch sehr interessanter Mönch- und Nonnennamen z. B. Bezded, Deua,

33

Diua, Podiua, Godek, Gostek, Deuík, Gostak, Gostik, Deuic, Modlac, Ladec, Rajca, Marena, Modlena, Perun, Deuna, Trebata, Vrbata, Radost, Radosta, Trebana, Dnepr, Hraber, Bogdal, Bogdalec, Bogdan, Dobrogost, Hualibog, Modlibog, Radgost, Vacemil, Vacemila, Radoslau, Vaczlau, Radowit u. dgl. — Dobrovský Gesch. 1818. 91—103. Jungm. hist. liter. S. 16. N. 7. —

5. *Privaturkunden* z. B. Kauf-, Pacht-, Borgbriefe u. dgl. Deren gibt es in latein. Sprache eine staunenswerte Menge. Die relativ älteste *böhm.* Urkunde wurde im Jahre 1861 in der Prager Univ.-Bibliothek entdeckt: es ist des Ritters Thomas v. *Štítný* Vertragsurkunde mit seiner Schwester vom J. 1373. Sie ist dem vollen Inhalte nach abgedruckt im Musejník 1861. S. 349. Diese Urkunde ist ein Beweis, dass sich die böhmische Sprache in Angelegenheiten des Volkes und der Privaten viel früher von den Banden des Latinismus befreite, als die öffentlichen Angelegenheiten, die unter dem Einflusse der latinisirten Höfe und der lateinischen Kirche stunden. Diese Urkunde Štítný's hat bereits eine geregelte *Orthographie*, obwol sie sich nur des latein. Alphabetes bedient, ein Beweis, dass böhm. Schulen der Schreiber (Notare) schon längst unter dem Volke tätig gewesen sein mussten. und man mit Recht den Beginn der böhm. Privaturkundenliteratur, nicht wie bisher in das Ende des 14. Jhrh., sondern sicher in den Beginn des 13. Jahrh. versetzen kann, da die Urkunde Štítný's schon eine völlige Reife der juridischen Terminologie ausweiset, die doch nicht in wenigen Jahrzehenden zur Reife gelangt.

6. Ein ähnliches Resultat der Selbstbefreiung der böhmischen Sprache von der lateinischen findet man bei den *Annalisten* oder *Geschichtsschreibern*. Wem es darum zu tun ist, die ältesten böhmisch-slovenischen Namen von Orten, Flüssen, Bergen, Personen, Dingen udgl. zu sammeln, der findet deren genug bei *griechischen* und lateinischen Geschichtsschreibern. So beginnt z. B. Šembera seine Literaturgeschichte mit dem J. 58! *vor* Christus, weil er bereits im Julius Caesar slavische Namen z. B. der Donau fand. Doch hat man sich dabei vor Extravaganzen zu hüten, in welche z. B. Kollár in seiner Staroitalia Slovanská verfiel, und soll nicht vergessen, dass es auch bei Namen ein indoeuropäisches Gemeindegut gibt. Die mittelalterlichen Annalisten waren zumeist Geistliche, z. B. *Cosmas*, der erste Geschichtsschreiber Böhmens, welches Wunder dann, dass eine solche Menge und eine so geraume Zeit die Geschichte der böhm.-sloven. Länder in der Hand der Lateiner blieb. Und doch haben wir eine schon im Jahre 1314 beendete *böhmische* Kronik in gereimten Versen, wir meinen den sogenannten *Dalimil*, der sich auf viel frühere Kroniken beruft (Musejn. 1861. S. 116).

7. Am ersichtlichsten ist die Selbstbefreiung der böhm. Sprache von der lateinischen in den *theologischen Schriften*. Denn nicht nur dass die slavische Liturgie bei den böhm.-sloven. Völkern die heimische Sprache mit dem Gottesdienste bei weitem mehr versöhnte, als z. B. bei den benachbarten Deutschen: so ist auch die hierat'sche Uebersetzungsliteratur der Böhmen, namentlich des *Psalters* und der *Evangelien*, so in das

3

Altertum greifend, dass man daraus auf die frühe Notwendigkeit der böhm. Bibelübersetzungen mit Recht schliessen kann, die wiederum den früheren Gebrauch der böhm. Sprache bei der Liturgie auch der lateinischen Kirche voraussetzt.

8. Diese kultur- und literaturhistorischen Deductionen bestätigen auch die so frühen und häufigen *Glossen* und *Interlinearversionen* in theologischen Schriften, z. B. Predigten, die lateinisch verfasst, böhmisch gehalten wurden. Am frühesten sehen wir dies in einer lateinischen Pergamenhandschrift aus dem 12. Jhrh. (Signatur 3. F. 6. der Universitätsbibliothek zu Prag). Die Geschichte dieser Handschrift findet man in den *Sitzungsberichten* der könig. böhm. G. d. W. zu Prag vom 12. Novbr. 1866, worin gezeigt wird, dass diese Schrift nicht *ein* Homiliare eines Prager Bischofes ist, sondern eine Art *theologischer Chrestomathie*, und zwar dazu nur einer *Abschrift* von wenigstens 3—4 theologischen Mustersammlungen. Die *Glossen*, welche bisher nur in den Sitzungen der kön. böhm. Gesellschaft zu Prag besprochen worden sind, sind nicht von *einer* Hand und auch nicht in einer *Zeit* geschrieben. Manche sind auch nur mit Blei, wie hingehaucht geschrieben. Ihre eigentümliche Orthographie gibt auch ein hinreichendes Zeugniss ab, wie sehr die Fülle böhmischer Laute mit dem relativ ärmlichen latein. Lautalphabete zu kämpfen hatte. Der Satz z. B. v kterýž kolivěk deň obrátil se bude hriešník od své zlé cesty, ist wie folgt geschrieben: „wterizqoliuek den obratilse bude hresni od suve zle chesty." Wie schon hieraus ersichtlich, enthält der Codex eigentlich Fragmente von Interlinearversionen.

Von den Glossen desselben mögen nur wenige da stehen: Fol. 130 vita vivet: *ziuotem ziu bude* — vocari filii: *wzviuati sa* (se?) *sinoue* — pater omnium nostrum: *othech ws h nass.* — Von einer anderen, viel ältern, fast vollständigen Interlinearversion, nämlich des Fragmentes des *Johannesevangeliums* aus dem 10. Jhrh. gaben wir schon oben Kunde, hier erinnern wir daran, dass diese letztgenannten noch halb *kirchenslavisch,* jene des Codex 3. F. 6 aus dem 13. Jhrh. herrührend schon *rein böhmisch* ist. Es entstund in den spätern Jahrhunderten in Böhmen, namentlich bei theologischen Schriftstellern, auch ein widerliches Ding einer *macaronischen* latein. böhm. Mischsprache, wie man solche in Predigtform im Malý výbor, Prag, 1863. S. 31—37., in Form von Sprichwörtererklärungen in der Literatura přislovnictví (Prag, 1853. S. 25. 26) berührt findet. Auch *Rechts-Formelbücher* finden sich in solcher Weise vor, da die Latinität in manchen Kreisen eine Art Zwangskurs hatte.

Wir müssen hier noch einmal der verschiedenen *Orthographien* gedenken, die bei diesen literarischen Selbstbefreiungsprocessen des Böhmischen aus den Banden des Lateinischen tatsächlich sind. Ihre Formen lassen sich nach Klassen unterscheiden und werden einst eine Geschichte der böhm. Orthographie zu Stande bringen. Bei den *einen* herrscht z. B. nur das *lateinische* Alphabet, bei den *andern* aber schon das *germanisirt*-lateinische Alphabet vor, z. B. mit dem Doppel-*u* oder *w*. So kennt z. B. die Interlinearversion des Johannes-Evangelium noch kein *w*, eben so wie die Grünberger Handschrift, zu welcher wir sogleich gelangen. Sie schreibt z. B. *uueri* (uvěri, nun uvěří), *uuce* (viace, nun vice), *uecinu* (nun věčinu), *uletano* (Vletavo, nun Vltavo). Das oben erwähnte relativ älteste Dalimilfragment schreibt aber im Anfange des 14. Jh. schon wie folgt: *ziw* (živ), *kralowstw* (královstvu), *modlitw* (modlitvu), *waczlauoui* (Václavovi), *mluuithi* (mluviti). S. Musejn. 1861. S. 117. — Dabei sind wiederum zwei Formen in der Beziehung zu unterscheiden, dass die einen (ältern) Formen der Orthographie nur durch lateinisch *einfache* Buchstaben die böhm. Töne andeuten, die andern jedoch durch *Zusammensetzungen* die böhm. Toneigentümlichkeit auszudrücken sich bemühen, z. B. *othech* für otec, *nass* für náš. Diakritische Zeichen erfand erst *Hus* für das böhm. Alphabet (Slav. Bibl. II. 173), das in den neuesten Zeiten zu einer Art *Pasigraphie* verwendet wurde. *Schreibschulen* muss man sohin über alle Länder der böhm. slovenischen Stämme und zu allen Zeiten sich verbreitet denken, so dass die Geschichte der böhm. Orthographie einst zu wichtigen Resultaten des Entwicklungsgeschichte der lateinisch-böhm. Schrifttumes selbst führen wird.

14. Die lateinische Schrift im Dienste der heidnisch-böhmischen Literatur.

Die oben erwähnte Orthographie durch *einfache* Lautzeichen des *heidnisch*-lateinischen Alphabetes ist insofern noch insbesondere beachtenswert, als sie die Schreibweise des noch *vorchristlichen heidnischen* Böhmens gewesen zu sein scheint. Denn das *lateinische* Christentum kam ja an die Böhmen in *römisch-germanischer* Form, sohin auch mit dem *germanisirt-lateinischen* Alphabete, mögen wir dabei schon an die Tatsache vom J. 845 in *Regensburg* oder aber erst an die Tatsache vom J. 973 in *Prag* (Gründung des Bistums) denken; die erste Tatsache brachte das *germanisirte* Alphabet in eine Seite der *Peripherie* des Landes, die zweite aber in das *Centrum*, das da bestimmt war, kirchlich nicht nur über ganz Böhmen, sondern auch über Mähren und Schlesien, ja auch über die Slovakei und einen Teil Polens zu herrschen. In allen diesen Ländern finden wir bis auf den heutigen Tag noch die Wirksamkeit des *germanisirten* Alphabetes, z. B. in dem Gebrauche des germanischen *W* bei den Polen.

Wenn nun tatsächlich die älteste böhm. Literatur ein *nichtgermanisches* und insofern *nichtkirchliches*, *rein lateinisches* Alphabet aufweiset: so ist der Schluss erlaubt, dass man auch noch *vor* der Christianisirung in Böhmen in reinweltlichen d. i. heidnischen Angelegenheiten *lateinisch schrieb*, nicht etwa in dem Sinne, als ob das Latein die Schrift des heidnischen *Volkes* gewesen wäre, sondern in dem Sinne, dass einzelne Böhmen, in wie ferne sie in den christlichen Jahrhunderten immer mehr in nähere Verhältnisse mit schriftführenden Völkern gekommen, genötigt waren, die lateinische Schrift in ihre Kulturzustände aufzunehmen,

3*

was etwa nicht blos an den Höfen der Fürsten (in den Župenburgen) notwendig gewesen sein wird.

Wir stehen sohin durchaus nicht an zu behaupten, dass schon in den Zeiten, als das Christentum an Böhmen in glagolischer, dann kyrilischer Form herangerückt war, hie und da im Lande und zwar in *weltlichen* Dingen *böhmisches mit lateinischer Schrift* sich *aufgezeichnet* fand, d. h. dass es eine *böhm. heidnische Literatur* mit lateinischen Schriftcharakteren gab. Ja in der Zwischenzeit — als das Glagolische und Kyrilische um die Autorität kam — das germanisirte Alphabet aber noch nicht in Uebung war, *transscribirte* man sogar selbst *altkirchenslavisches*, z. B. in dem Johannisevangeliumfragmente, mit *heidnisch-lateinischer* Orthographie.

Alle Schriftsteller sind darüber einig, dass das Heidentum in Böhmen im ganzen *ersten christlichen Jahrtausende* und weit darüber hinaus noch starke Wurzeln im Volke hatte, die man von allen Seiten durch *christliche* Völker, namentlich seit *Karl der Grosse* das weltl. Schwert des röm.-katholischen Christentums geworden war, bedroht fand. Wie sollten also in solchen drängenden Verhältnissen die selbstbewussten Anhänger des Heidentums wenigstens darauf nicht ihre Aufmerksamkeit gerichtet haben, durch die *Mittel*, welche ihnen die drängenden Christen selbst boten, durch die lateinische Schrift nämlich, die heidnischen Nationaläusserungen wenigstens auf *ideellem* Gebiete, nämlich seitens der altnationalen Sagen und Erinnerungen, zu fixiren und den späteren Nachkommen zu erhalten, besonders da sie eingesehen haben mochten, dass sich auf *realem* Gebiete das Heidentum, wol nicht mehr werde halten lassen.

Ein solches Bestreben und Bemühen sehen wir eben in der Sammlung *heidnischer Nationalsagen*, wovon sich leider nur die beiden Fragmente der *Grünberger* Handschrift erhielten. Sie werden aus *palaeographischen* und *linguistischen* Gründen in das Ende des 9. oder den Anfang des 10. Jahrhunderts verlegt.

Die G. H. ist das natürlichste Kulturphänomen, das man in der Uebergangszeit des Heidentums in das Christentum erwarten kann; sie ist eine ähnliche Erscheinung, wie auf slavischem Gebiete noch das russinische Epos: *Slovo o pluku Igorově* (Kalajdovič: pamjatniky ross. slovesn. 12. věka. Moskau. 1822. — Hattala, Prag, 1858), auf germanischem Boden aber u. a. das *Nibelungenlied* ist. Ja sie ist dieselbe Erscheinung, wie *Cosmas Kronik*, indem demselben derselbe Beweggrund, allerdings vom *christlichen* Standpunkte, zum Grunde lag, nämlich der Drang, das Geschehene dem Gedächtnisse der Zukunft aufzubewahren. Nur war Cosmas, der schon im J. 1125 starb, obschon verheirathet, *Canonicus* des Prager Domcapitels (Dobrovský: de sacerdotum in Bohemia coelibatu. Pragae. 1787), sah daher mit Verachtung auf das Heidentum herab und verfiel in den allgemeinen Fehler der mittelalterlichen Chronisten, das Heidentum nur als Zustand der Rohheit aufzufassen. Sonst zeigt seine oft geschnörkelte Schreibweise deutlich genug, dass ihm Salust, Vergil und Boëthius geläufig genug waren, dass sohin das Studium römisch-heidnischer Classiker bei hervorragenden Männern Böhmens gepflegt genug war, um das lateinische Alphabet dazu benützen zu können, alte poetisch erfasste Nationalsagen in kunstgerechter Form der Vergessenheit zu entreissen. Konnte ja doch der greise Cosmas, ein so erklärter Feind des Heidentums, nicht umhin, von der *fabulosa senum relatione* d. i. von den mythischen *Sagen*, wie sie die ältesten Böhmen erzählten, wenigstens einzelne Momente uns aufzuzeichnen. Ach! hätte er es nur in vollerem Masse getan.

15. Heidnischer Fortbestand des christianisirten Böhmens.

Es ist schwierig, selbst nach dem 10. Jahrh. Böhmen schon als in *allen* Schichten der Bevölkerung christianisirt sich zu denken. Tatsächlich war ja auch Böhmen politisch nicht so concentrirt, keine solche politische Einheit, wie sie es im Verlaufe der Přemyslidenherrschaft erst wurde, dass eine Aenderung im Centrum des Landes, wie z. B. die Christianisirung des Hofes unter Bořivoj, auch schon eine durchgreifende Aenderung gegen die Peripherie des Landes hin zur Folge hätte haben können, oder gar haben müssen.

Böhmen war seit jeher, d. h. seit die ausserarischen Völker Europa's den arischen, aber gleichfalls autochthonen Völkern, und zwar vorzugsweise denen litauischen Stammes, haben weichen müssen, von *Slaven* bewohnt, die sich schon in Urzeiten aus ihrer karpatischen Heimat bis dahin erstreckten. Sie waren jedoch in ihrer nationalen Entwickelung nacheinander durch die *kriegerische Besitznahme* der Länder und als Folge derselben durch die Oberherrschaft der *Bojer, Markomannen,* endlich der *Avaren* gestört, ohne je das Land völlig verlassen zu haben, bis in der Mitte des 7. Jahrhunderts diese fremden Völker und Horden aus der kriegerischen Geschichte herausgedrängt, den slavischen durch sie bisher unterdrückten Böhmen die *gestörte uralte Verbindung* mit ihren slavischen Verwandten in den Karpatenländern ermöglichten. Durch neu angekommene Stämme verstärkt begannen sie sich — was sie vielleicht schon oft versucht hatten — slavisch zu organisiren, d. i. in Župen zu gliedern, welche Župen, obschon dialektisch und sohin auch national eigentümlich von einander unterschieden, doch durch das allgemeine *Slaven-bewusstsein* und *gemeinsame religiöse* Verehrung um eine *Centralžupa* (wahrscheinlich *Vyšegrad*, die Hochburg, wo die religiöse Verehrung ihren Hauptsitz hatte) sich gruppirten, wie dies in allen anderen slavischen Ländern auf ähnliche Weise der Fall war. Weil eben die hindernden kriegerischen Besatzungen Böhmens von dem historischen Schauplatze schwanden, trat mit und nach Samo's Auftreten, der das letzte Hindernis, die Avarenbesatzung, beseitigt hatte, in Böhmen die slavische religiös-politische Organisation in den Vordergrund der Geschichte: es werden nämlich *nationale Sagen, nationale* Gebräuche und eine *nationale Central-regierung* sichtbar, d. h. es beginnt in *Böhmen* die wahre Geschichte, das wahre slavische Leben der *Böhmen*, wobei anfänglich die *Čechen* nur die Bewohner der *Centralžupe* waren, während andere slavische Stämme die *Peripherie* des Landes bewohnten. Daher auch die Erscheinung in der Geschichte, dass mit der Mitte des 7. Jahrhunderts die fremden Quellen über Böhmen zu sprechen aufhören und *einheimische* Quellen, zunächst in Sagenform, in das Innere der Geschichte Böhmens einen Blick gewähren. Kaum hatte diese Art heimischer, heidnischer Organisation, oder slavischer Centralisation, wobei nicht alle Župen als gleich fügsam sich bewiesen, da sie auch aus nicht ganz gleichartigen Elementen bestehen mochten, einige Festigkeit zu erlangen begonnen, so kam an Böhmen eine neue Einwirkung von Aussen, diesmal kulturhistorischer Wesenheit heran, nämlich das *Christentum.*

Es ist daher gleich zum vornherein anzunehmen, dass dasselbe nur Schritt für Schritt und mit innerem Widerstande sich verbreitete und dass es Jahrhunderte lang Teile von Böhmen, entfernt von dem christianisirten und christianisirenden Centrum gegeben hatte, die da bei den alten heimisch-heidnischen Sitten geblieben waren und diese zu erhalten trachteten. Belege dafür anzuführen ist eigentlich überflüssig, da noch bis auf den heutigen Tag unglaublich viele heidnische Gebräuche, wenn auch meist nur in abergläubischer Form, sich erhalten haben (Bájeslovný kalendář. Prag, 1860). Beleg-Stellen aus Concilienbeschlüssen, Synodalresultaten, Poenitentialen, falls sie nicht *eigentümliches* geben, sind jedoch nur sehr vorsichtig zu benützen, da sie gewöhnlich nur in hieratisch feststehenden Formen sich bewegen und Jahrhunderte lang unverändert sich fortpflanzen, ohne ein bestimmtes Land und eine bestimmte Zeit im Auge zu haben. Also nur *Specialitäten* solcher Belege sind für das Bestehen des Heidentumes in Böhmen beweisend. Darunter verdient denn *Cosmas* den ersten Platz, da er von seiner eigenen Zeit (1045 bis 1125) sagte: dass viele *Landbewohner* geradezu wie Heiden lebten; deshalb hätte schon Herzog Břetislav (1092) Zauberer und Wahrsager aus Böhmen ausgewiesen, Haine und heidnisch verehrte Bäume ausgerodet, die Gewohnheit in Wäldern und Feldern die Toten zu bestatten, nicht geduldet, so wie auch die Scenen auf Kreuzwegen (in biviis et in triviis), die gleichsam zur Beruhigung der Seelen vorgenommen wurden (quasi ob animarum pausationem).

In Bezug auf Concilienbeschlüsse führen wir aus dem J. 1366 eine merkwürdige Specialität als Beispiel an: „In einigen Burgen, Städten und Dörfern nahm der Missbrauch bei *Klerikern* und Laien überhand, dass sie in der Mitte der Fastenzeit *Bilder in der Gestalt des Todes* (imagines in figura mortis) durch die *Burgen* unter abergläubischen *Gesängen* und *Spielen* (cum rythmis et ludis superstitiosis) zum Flusse tragen, um sie dort gewaltsam (cum impetu) zu untertauchen, wornach sie behaupten, dass ihnen fortan der Tod nicht schaden könne, da sie ihn aus ihrem Bezirke ausgeschieden und vernichtet hätten.“ (C. *Höfler:* Concilien. S. 10. N. 8). Wer würde in diesen Worten nicht die noch herrschende Sitte des slavischen „*Todaustragens*", d. i. die Verwandlung der Morana in die Vesna wiedererkennen, nur dass jetzt nicht mehr

Kleriker, sondern blosse Kinder daran Teil nehmen und auch nicht mehr durch *Burgen* (die Sitze ehemaliger Heiligtümer) zum Flusse ziehen. Diese Sitte verbot auch noch die Prager Synode vom J. 1384 (l. c. S. 31. N. 13). Ja in der Synode vom J. 1407 heisst es noch, dass viele Weissager aus Losen, Beschreier und Beschreierinnen in verschiedenen Pfarreien sich aufhalten und öffentlich geduldet werden und zwar selbst von den *Pfarrern* (l. c. S. 59. N. 6.).

In Handschriften des 15. Jahrh. finden sich häufig Namensverzeichnisse solcher Personen, welche nicht zur Communion zugelassen werden sollen. Darunter kommt viel ins Heidentum Einschlagende vor. Wir führen davon nur das an, was mit böhmischen Namen begleitet ist. So heisst es z. B. im Codex der Univ.-Bibliothek 5. II. 27. Blatt 170 : Incantatores, *zaklínači* (eigentl. Fluchende) ; sortilegi, *čarodějníci* (wörtl. Strichemachende); divini, *hádači* ; koriagi (karagi), *navázači* (eigentlich Anbindende) et sunt qui *characteres* (also Zeichen-Schriften) aut evangelium circa se ligant; arioli, *svatokuzedlníci*, cum consceratis rebus nefanda operantes ; *časokuzelni*, qui dies et horas observant eundi et revertendi u. s. w. — Im Codex 9. B. 9. finden wir u. a. folgende Sondernamen: neben: *kuzedlníci, hádači, čarodějníci, viesci* (Wahrsager), *zaklínači, lekovníci* (Wunderdoctoren), es werden nämlich noch genannt: *baby* (Matronen) et qui ad eas vadunt, *ancillae* cum *famulis* (junge Mägde u. Diener) vel viri cum mulieribus risus vel *cachinos* et *pohádky* (d. i. Märchen) proferentes.“

Wenn man nun daraus auch nicht den Schluss auf das Dasein vieler von einander gesonderten Arten von Zauberern machen darf, so dienen sie doch zum Beweise, dass selbst noch im 15. Jahrh. heidnische Ansichten und Sitten in Böhmen herrschten. Die *„pohádky“* d. i. *Märchen* z. B. sind in der gelehrten Literatur Europas in neuerer Zeit als Stücke heidnischer Theologie bereits anerkannt.

Unbefangene und den Kulturprocessen mit Verständniss folgende Denker werden sich daher nicht wundern, in der Literatur der Böhmen vom 9.—13. Jahrh. *epische Gesänge* oder *Epen-*, und *Liedercyklen* zu finden, wie sie in der *Grünberger-* und *Königinhofer Handschrift* enthalten sind, zu welchen wir uns nun insbesondere wenden wollen.

16. Aeussere Vorgänge bei der Auffindung der Grünberger Handschrift, früher „Gericht Libuša's“ genannt.

Im J. 1816 wurde der bisherige Oberamtsschreiber der Colloredo-Mansfeld'schen Herrschaft *Grünberg* (Zelená hora), bei Nepomuk in Böhmen, zum Rentmeister befördert. Als solcher hatte er auch die beiden Wirtschaftsgewölbe des Schlosses, worin damals auch das alte Schlossarchiv reponirt war, unter seiner Aufsicht. In dem rückwärtigen etwas finstern, aber grösseren Gewölbe fand er im *J. 1817* unter anderen alten Schriften und Büchern, in Staub und Schmutz gehüllt, vier Blätter kleinen Quartpergamens oder wenn man will in Gross-Octavform, die er, ohne

sie entziffern zu können, dem Dechant von Nepomuk, Franz *Baubel*
brachte. Dieser entzifferte so viel heraus, dass es sich darin um ein Gericht der Lubuša handle und dass, wie er meinte, mehrere Ortsnamen
darin vorkämen, die in der Umgebung von Nepomuk wohl bekannt waren.
Das Jahr darauf ergieng am 15. April im Namen des obersten Burggrafen
Franz Karl von Kolovrat die feierliche Bekanntmachung der Gründung.
des *böhmischen Museums* in Prag zugleich mit der Aufforderung zu Bei-
trägen für dasselbe, woran in der Tat die edelsten Geschlechter Böhmens
und die ausgezeichnetsten Patrioten den eifrigsten Anteil nahmen. S. darüber Jungmann in Kramerius Vlastenecké noviny, 1818. N. 17. 25. April.
Es riet sohin auch der Dechant von Nepomuk, Kovář möge die aufgefundenen Pergamenblätter dem böhm. Museum einliefern. Mit dem un-
ordentlichen und oft trunkenen Kovář war indess seine Herrschaft unzu-
frieden, sohin auch er mit ihr. Und so schrieb er denn in einem unüber-
legten Zustande voll Unmut folgenden Brief an den obersten Burggrafen
und dazu nur mit Bleistift: „Ew. Exc. In unserm Hausarchive lagen
anliegende vier Blatt Pergament vielleicht Jahrhunderte lang im Staube
verworfen. Da ich aber die erhabenen Gesinnungen meines Herrn, der
ein eingefleischter *deutscher Michel* ist, in Rücksicht des Nationalmu-
seums kenne, denn er würde es lieber verbrannt oder verfault sehen,
als selbes dieser Anstalt zu schenken, so verfiel ich auf den Gedanken,
diese Blätter an Ew. Exc. anonym zu senden, denn unter meinem Namen
liefe ich Gefahr meines Dienstes verlustigt zu werden (sic) und bitte selbe
diesem vaterländischen Institute von einem ungenannten *wahren* Patrioten
zu verehren. Ihren Inhalt konnte ich nicht, obwol ich weder Zeit noch
Mühe sparte, zusammen bringen und bin sehr neugierig darauf. Ich hoffe,
der böhmische Professor oder ein anderer böhm. Gelehrte wird es nicht
so schwierig finden. Schade, dass sich die Schwärze, wie ich den Staub
mit feuchtem Schwamme abwischte, nachher ins Grüne verwandelte." —
Der Oberstburggraf übersendete den Brief und die 4 Pergamenblätter, welche *Kovář*, in Prag angekommen, selbst in den Briefkasten der
Kleinseitner Post geworfen, als er Ende October 1818 nach Prag ge-
fahren war, an den Grafen Caspar *Sternberg*, welcher die Seele des jungen Museums war, und Sternberg sandte alles wieder an Ant. Jaroslav
Puchmayer (1769 † 1820), den Pfarrer seiner Herrschaft zu Radnice bei
Prag. Puchmayer bog jedoch die Blätter irrig um, so dass ihm die 3.
Seite zur ersten ward und er, obwohl der Buchstaben fast überall Herr
geworden, doch nicht Herr weder des Sinnes einzelner Worte noch des
ganzen Zusammenhanges werden konnte. Er übersendete daher am 20.
December sein Facsimile sammt' einem umständlichen Berichte an den
Linguisten Jos. *Dobrovský* (1753 † 1829), der in seinem höheren Alter
oft verdrüsslich, je gemüthskrank war, und den Missgriff Puchmayer's
nicht erkennend, das Original im Jahresanfange 1819 für *unterschoben*
erklärte. (Literární působení Jos. Dobrovského. 4º Prag, 1867. Abhandl.
d. böhm. Gesellschaft etc. 15. B.). Jos. *Jungmann* und V. *Hanka* gelang
es aber die Blätter, in die rechte Lage zu bringen und zu erklären, worauf Dobrovský beide sammt dem bei Hanka wohnenden *Linda*, einem Ama-

nuensis der Prager Univ.-Bibliothek, geradezu für die *Fälscher* erklärte
(Museju. 1837. S. 244). Jungmanns bekannte edle Haltung und Offenheit
vernichtete gar bald diesen Verdacht, den das unbeholfene Benehmen
Hanka's leider nur nährte.

Als endlich nach manchen literarischen Kämpfen pro und contra
Palacký und *Šafařík* im J. 1840 in den „Aeltesten Denkmälern der
böhm. Sprache" mit wissenschaftlichen Gründen jeder Art die Echtheit
nachgewiesen hatten, verstummte durch 18 Jahre jeder wissenschaftliche
Angriff, bis endlich im J. 1858 ein Anonymus in dem Prager politischen
Blatte „der *Tagesbote*" wiederum gegen Hanka auftrat. Hanka hatte indess auf Privatwegen, namentlich durch den gräflich Colloredo'schen Ge-
mäldegallerie Aufseher Franz *Horčička*, den wahren, oben geschilderten Her-
gang der Auffindung erfahren, und klagte, besonders da er eines einträglichen
Falsificirens und Verkaufens böhm. Manuscripte zunächst nach Russland mit
beschuldigt worden war, mit Erfolg auf Ehrenbeleidigung. Das Gericht
liess nun die eingehendsten Untersuchungen über Hanka's Entdeckung der
König. Handschrift im J. 1817 anstellen, womit seitens der *Grünberger*
Handschrift Privaterkundigungen und Zusammenstellungen von Zeugnissen
Hand in Hand giengen. Diese, meist auf Aussagen noch lebender Zeugen,
die sonderbarer Weise bis jetzt geschwiegen hatten, sammt den Gerichts-
resultaten, stellten den geschilderten Tatbestand des Einsendens und die
Unschuld Hanka's seitens der Kön. Handschrift vollständig an das Licht.
Dies hatte die Veurteilung des Redakteurs, welcher sich mit dem Ano-
nymus identificirt hatte, zur Folge.

Die Literatur über diese Vorgänge und die Geschichte der noch
späteren Angriffe wird unten angeführt werden.

17. Aeussere Beschaffenheit der Grünberger Fragmente nach Pergamen und Schrift.

Eine ganz genaue diplomatische Beschreibung der Handschrift wäre
itzt überflüssig, als solche in den ältesten Denkmälern der böhm. Sprache
seit 1840 bereits vorliegt. Es sind sohin* nur Zusammenfassungen und
Nachträge nötig. Die erhaltenen vier Quartblätter waren einst ein Duer-
nion in einem grösseren Pergamencodexe, der wie viele andere durch den
Buchbinder zerstört und verbraucht wurde. Aber eben darum ist es noch
immer möglich, dass in bisher unbeachtet gebliebenen jüngeren Handschriften oder älteren Druckbüchern einst ergänzende Fragmente werden
gefunden werden. Der Buchbinder beschnitt auch die vorliegenden Blätter,
um sie als *Vorsetzblätter* (přídeští) eines Quart-Buches von 100 Pariser
Linien Höhe und 71 Linien Breite zu benützen, wobei jedoch glücklicher
Weise nur auf der 3. Seite einige Buchstabenteilchen ergriffen wurden.
Ob der Auffinder *Kovář* die Fragmente aus dem Buche schon losgelöst
vorfand oder selbst erst daraus befreite, ist nie bekannt geworden; wahr-
scheinlicher ist jedoch das letztere, weil sonst die Erhaltung zweier losen

Blätter schwerer zu erklären wäre. Es befanden sich in der Tat in dem gräflichen Archive von Grünberg auch Codices in Quartform, wie Tomek (Musejn. 1859. S. 44.) berichtet. Würden nun in dem dort erwähnten Codex, der über die Templer gehandelt haben soll, die Pergamenblätter zu Vorsätzblättern gedient haben, dann könnte man fast sicher sein, dass man darin auch die Fortsetzung der Handschrift auffinden würde, da die Buchbinder dasselbe Manuscript auch, zu *Streifen* geschnitten, dazu verwendeten, um die Nat der Duernionen u. dgl. zu befestigen.

Das *Pergamen* der Handschrift selbst ist nun schmutzig rothbraun, worauf sich die grüngewordenen Buchstabenreste kaum leserlich abheben, sohin auch den zweimal wiederholten Versuch, das Manuscript, wie es mit der K. H. glückte, photographisch aufnehmen zu lassen, vereitelten. Die Schrift, welche man in dem Facsimile der „ältesten Denkmäler" ziemlich getreu, obschon viel härter und leserlicher lithographirt vorfindet, läuft ohne Wort- und Satz-Abtheilung ununterbrochen fort. Man hat jedoch dabei auf ein dreifaches Moment zu achten:

a) Vor allem finden sich in der Schrift *keine Rubriken* oder (rote) Aufschriften vor, ja es werden auch durch *Majuskeln* keine Abteilungen im Texte angedeutet und dies zwar mit Ausnahme des relativ grössten *A* der ersten Seite beim Anfange des zweiten Gesanges: Aiuletauo d. i. Ai! Vletavo (Zeile 10. 11.). Durch alle anderen Majuskeln wurden, wie es scheint, nur zur Verzierung ohne eine innere organische Unterscheidung damit andeuten zu wollen, die Worte *Criue* (křivé), *Visegrade* (Vyšegrade) und *Due* (dvě, Zeile 23, 24, 39, 50, 62, 63) ausgezeichnet, wovon nur das letztere bei einem Hauptabschnitte des Gedichtes zu stehen scheint. Aber auch die kleinste Gattung der Majuskeln scheint ganz unorganisch mit Minuskeln abzuwechseln, so dass die ganze Handschrift ein deutlicher Zeuge des Uiberganges der Majuskeln in die Minuskelschrift ist.

b) *Unterscheidungszeichen* (dělidla) finden sich, äusserlich betrachtet, zwar vor, aber sonderbare, nämlich *ein*, *drei* und *vier* Punkte, allein selbst diese sind nicht syntaktische Unterscheidungszeichen, sondern dienten, wie wir unten finden werden, einem ganz anderen Zwecke. Ein einziger Punkt, der das erste Fragment vom zweiten trennt, kann syntaktisch als an seinem Ort stehend betrachtet werden.

c) Dafür sind aber die *Anlaute* aller Worte durch *rote* Striche kennzeichnet, was man bis zum J. 1859 nicht einmal bemerkt hatte (Tomek, musejn. 1859. S. 105). Diese Rubricirung scheint ursprünglich *nicht* in der Handschrift gewesen zu sein, da der dadurch erreichte Zweck der *Wortabtheilung*, wenn er in der Absicht des ursprünglichen Schreibers gewesen wäre, durch einfachere Mittel zu erreichen war. Diese Rubricirung geschah wol erst dann, als man beim Gebrauche der Handschrift auch manche andere Besserungen darin vornahm, um dieselbe leserlicher zu machen, was, obschon sie nicht durchgängig gelang, in späterer Zeit vor sich gehen musste. In der 4. Zeile wird so geteilt: sbozio *mu* iedno uladu; 20. Z secruto; 33. Z. otnezlate; 37. Z. sestrarodna; 41. Z bratrucia; 42. Z. zaconucasecnezna; 68. 69. Z. nimazuatocudna; 73. Z. prauduiasc; 86. Z. govori titicho; 128. Z. i usc.

Manchem dieser Missgriffe (wie sie wenigstens uns erscheinen) mag etwa eine andere Leseart, als es nun unsere ist, zu Grunde gelegen sein, manchem eine andere Ursache, wenn man nicht alle für zufällige Nicht-durchführungen ansehen will, wie z. B. titicho für govori*ti* ticho.

d) Es kommen aber noch andere gar *sonderbare* Zeichen in der Handschrift vor, die *Ton-* oder *Gesangszeichen* zu sein scheinen. Es sind dies *zwölf* verschiedene Arten von seltsamen Buchstabenformen mitten *in* und *oberhalb* des Schrifttextes hingesetzt. Die genannten Zeichen der Anlaute sind mit *Zinnober* gerötet, diese Gesangzeichen aber mit *Mennig*. Die Form dieser Buchstaben ist nicht mehr die runde Antiqua wie im Grundtexte, sondern eine viel spätere Letternform, ihr Hineingezeichnet-sein in den Text gehört daher auch einer viel spätern Zeit an. Man sieht die Formen dieser spätern Schrift nicht blos im ge-nannten Facsimile, sondern auch S. 28. im Texte der „ältesten D. M." Wenn man nun in Erwägung zieht, dass diese Tonzeichen sich besonders in der Gegend der vier Majuskeln und dann der sogenannten Unterscheidungspuncte, die alle ebenfalls mit Zinnober gerötet sind, häufen, so kann man wol nicht umhin, auch in den *Anlautzeichen* eine Art *Accentzeichen* zu erblicken und die genannten *drei* Unterscheidungs-puncte selbst für eine Art *Tonzeichen* zu halten, wodurch auch deren scheinbare Unregelmässigkeit mit einem Male ihr Ende nähme.

Wir hätten demgemäss eine doppelte Art von Notenzeichen in un-serer Handschrift: eine *uralte* mit *Zinnober* gefärbte — und eine *spätere*, mit Mennig angelegte; jene ist sehr einfach, diese aber zusammen-gesetzt. Diese beiderlei Notenzeichen sind aber wiederum ein Beweis, dass wir in der G. H. nicht blose *epische Gedichte*, sondern, wie es sich im Altertume ohnehin anders nicht erwarten lässt, altböhmische *epische Gesänge* vor uns haben, die Jahrhunderte lang in Uibung ge-wesen sein mögen. Dies wird vollständig begreiflich, wenn man erwägt, dass im tiefen Altertume jeder pathetische Vortrag *gesangartig* war und zugleich mit Musik begleitet wurde. So hören wir z. B. in der Kön. H. den den Aufstand leitenden Záboj einerseits „kurze Worte zu den einzelnen Männern sprechen (*řeče*)", aber anderseits auch, wenn er er-griffen die Lage des unglücklichen Vaterlandes schildert „das tönende *Varyto* ergreifen und aus dem tiefsten Grunde seines Herzens das Leid-lied singen (pěju piesň)." Ob und inwieferne man auch schon hier von dem Unterschiede eines blossen *Liedes* (*píseň*, carmen, Recitativ) und *Gesanges* (*zpěv*, cantus, Melodie) sprechen solle und dürfe, überlassen wir zu entscheiden gerne den Versbau- und Musik-Kundigen (Jireček Echtheit der K. H. S. 79). Uibrigens müssen wir ja selbst noch diesen Gegenstand weiter unten und zwar bei der K. H. berühren.

Die Schrift der Fragmente ist, wie schon gesagt, die *runde* latei-nische oder Antiqua, wärend die Menniggesangbuchstaben schon in die eckige Mönchsschrift hinüberstreifen. Die Form der Antiqua ist aber in vielen Zügen uralt und ganz eigentümlich. Die gerundete Form des Buchstabens S, die manche an das kyrilische Sigma (Slovo) erinnerte, findet sich auch in anderen, altböhm. Handschriften. Die Buchstaben selbst entbehren aller diakritischen Zeichen. alle böhmischen Laute sind mit den wenigen lateinischen Lautzeichen, wie Mönch Chrabr sagen würde, bez ustrojenia, ohne Organisirung oder mit abstrakter Einfachheit geschrieben. *Abbreviaturen* kommen nur sehr spärlich vor, da sie sich nur auf die Sylben *pra, pro, pre, pri* beziehen. Sie sind sodann von derselben Form, wie in alten lateinischen Handschriften, nur bezeichnet die latein. Abbreviatur für die unböhmischen Sylben *par* und *per* hier die Sylben *pre, pri.* Sohin sehen wir auch hier bei den Abbreviaturen, so wie bei den Schriftzügen keine passive Aufnahme des Latein, sondern eine eigentümliche Anwendung, welche auch in späteren böhm. Handschriften noch fortlebt, sohin auf böhmische Schulen schliessen lässt.

18. Uiber das Zeitalter der Entstehung der Gr. Handschrift.

Die Begebenheit, die in dem längern Fragmente besungen wird, ist zwar zumeist mythisch: in wie fern aber dem Mythus, in Form der *Nationalsage,* ein historischer Kern zu Grunde liegen kann, verlegt man diesen gewöhnlich in das *achte* Jahrhundert n. Chr. Möglich, dass die Böhmen in diesem Jahrhunderte den mythischen Ursprung nicht mehr kannten und die ganze Sage eben so für historisch hielten, wie unser Volk im *Čech* und *Krok* nur historische Personen sieht.

Wir haben schon oben die Gründe berührt, welche altböhmischen, *weltlichen* Gedichten die *lateinische* Schrift näher brachten, als die glagolischen und später die kyrilischen Zeichen, ja es ist nichts unmögliches, dass auch *vor* Anwendung der glagolischen Zeichen in kirchlichen Angelegenheiten, in Böhmen bei weltlichen Angelegenheiten die lateinische Schrift in Uibung war.

Was aber das *Alter der Sprache* der Handschrift betrifft, zeigt es uns das böhmische in den ältest bekannten reinsten Formen, deren Correktheit nur die, bei uns so spät in die Wirksamkeit getretene, vergleichende Linguistik im letzten Decennium zu würdigen wusste. Diese alten Formen sind *rein böhmisch, keine* Spur des Altkirchenslavischen zeigt sich darin, etwa so, wie in dem Johannisevangeliumfragmente dasselbe vorherrscht. Das Gedicht ist sohin in einer Zeit entstanden, wo Böhmen noch nicht vom Altkirchenslavischen berührt war, oder doch in solchen Schichten der Bevölkerung, welche mit den christianisirenden Bekehrern noch in keine Beziehung kamen. Aber man findet darin auch keine Ausdrücke, welche etwa auf den Einfluss lateinischen *Christentums* hindeuten könnten.

Der *Inhalt* sind wol Nationalsagen, die gar weit verbreitet sein konnten, da man ähnliches selbst in den Sagen der Karpatenländer findet; die *Form* aber ist eine so kunstgerechte, dass man das Gedicht mit Recht als ein Geistesprodukt *heidnischpatriotischer* Laien oder mit anderen Worten als ein heidnischepisches *Kunstgedicht* betrachten muss.

Sieht man nun einerseits auf die Altertümlichkeit der Sprachformen desselben (Hattala, musejn. 1858. S. 603. 604), andererseits auf die scriptio
continua der Wörter und Sylben, welche bei romanischen und germanischen Nationen schon mit dem Anfange des 9. Jahrhundertes aufzuhören
pflegt, endlich auf die Mengung der Majuskeln und Minuskeln mit Aus-
schluss jeder Currentschrift: so ist die Entstehungszeit des Schriftstückes
spätestens in das Ende des 9. oder in den Anfang des 10. Jahrhunderts
zu setzen.

Doch haben wir kein *Original* vor uns, sondern eine *Abschrift*.
Darauf weisen 1. die Unregelmässigkeiten, ja Fehler und Lücken der
Schrift hin, welche zu späteren Ergänzungen aufforderten, wie z. B. die
Ergänzung der fehlenden Versbruchstücke (II. Fragm. V. 45. 49.), da
von manchen Forschern von Versen gesprochen wird. Diese dachten die
Ergänzungen *„v Libušině sédlě“* und *„vystúpiště“* hinzu; 2) ein schlagen-
der Beweis, dass das Gedicht nur Abschrift ist, deutet auch der Umstand
an, dass es schon in einer *Sammlung* epischer Gedichte, in einem *Cyclus*
von Epopöen vorkömmt.

Der Charakter der Abschrift erfordert es, sie, wie gesagt wenigstens in den Anfang des 10. Jahrh. zu verlegen, in welcher Zeit man
ohnehin an einen *Abschluss des epenbildenden heidnischen Geistes* zu
denken hat, den das sich verbreitende Christentum in Böhmen veranlasste.
Epencyklen setzen nämlich stets schon einen Abschluss des schaffenden
Geistes voraus, sei es auf nationalem, sei es auf dem Kunstgebiete, das
dem Volksgeiste nachbildet. Es ist nun allerdings das 10. Jahrh., in
welchem mit dem *heil. Wenzel*, als seinem christl. Hauptrepräsentanten,
der christliche Geist im *Centrum* des Landes zu walten begann, die Zeit,
wo man den epen*bildenden* heidnischen Geist in Böhmen verstummen zu
machen begann, wie z. B der h. Wenzel durch die Grundlegung der
Veitskirche den heidnischen Svato-Vít's-Sagen die christlichen Sagen vom
Svatý-Vít entgegensetzte (vgl. Sitzungsberichte der kön. böhm. G. d. W.
1865. 3. April): allein darum verschwand doch nicht der heidnische
Geist selbst d. i. das Bestreben, die heidnischen Anschauungen und Sitten
der Altvordern wenigstens in Reminiscenzen lebendig im Bewusstsein
zu erhalten, eben weil das Christentum mit fremden, nicht nationalen Momenten an die Böhmen herantrat. Denn im Centrum des Landes oder
am Fürstenhofe konnte ein ganz anderer Geist herrschen, als in der Peripherie des Landes und in den vielen Schichten des Volkes, welche dem
Hofe und seinem Anhange fern stunden, und nichts ist irriger, als ganz
Böhmen in jenen Tagen schon als durchaus in der Kulturstufe gleichartig
sich zu denken. Gerade als man wahrnahm, dass im Centrum des Landes und am Hofe die entschiedene Opposition gegen das Heidentum begann, suchte man in den entgegengesetzten Kreisen alles dasjenige zu
sammeln und zu verbreiten, worin sich der heidnischnationale Geist geäussert hatte.

Eine solche Sammlung haben wir in der *Grünberger-* und (muta-
tis mutandis), einige Jahrhunderte später, in der *Königinhofer-Handschrift*
vor uns: die *erstere* scheint vorzugsweise die Taten der mythischen Če-

chiden, die *zweite* die Taten der *Přemysliden* verherrlicht zu haben. Solcher Sammlungen kann, ja muss es gar viele gegeben haben.

Da in der Grünb. Handschrift die erste und ältere Art der *Zinnober*-Notenzeichen mit dem Texte gleichzeitig ist, so ist, wie schon angedeutet, die Sammlung eine *künstlich schulgerechte*, da anfangs, so lange das *Recitativ* oder der einfache Gesang im Volke selbst lebte und daher öffentlich ohne Anstand zu finden erschallte, an Notenzeichen wol ebensowenig zu denken war, wie noch bei lebenden Volksliedern der Neuzeit, die durch Tradition die *Modulation* sicherer als den Text an die Nachkommenschaft bringen. Ein lehrender *Kunstsänger* aber konnte sich allerdings gleich mit dem Texte auch entsprechende Tonzeichen fixiren lassen oder selbst fixiren und zwar besonders bei einer Copie der Urschrift.

Wir haben sohin in der *Grünb.* Handschrift wol unmittelbar die literarisch-musicalische Aeusserung einer nationalheidnischen *Schule* vor uns, die nicht mehr durch mündliche, unbeanständigte Tradition, sondern durch eigentümliche Schrift- und Noten-Zeichen künstlich das Alte zu erhalten und zu verbreiten suchte.

Die *Eigentümlichkeiten* der Schrift, wovon oben schon Erwähnung getan wurde, ziehen sich in manchen Einzelnheiten in böhmischen Handschriften bis in das 14. Jahrh. fort. So findet sich das gebogene *S* auch in der König. Handschrift, in den neuaufgefundenen Dalemilfragmenten (musejn. 1861. S. 209), in den böhmischer Handschrift des 14. Jahrh., welche die Signatur der Universitätsbibliothek 17. A. 12. hat. Dies lässt auf böhm. *Schreibschulen* zuverlässlich schliessen, wie denn auch im 15. Jhrh. noch bei den böhm. Incunabeln die Regeln der blos allgemeinen Palaeographie bei deren Beurteilung nicht hinreichen.

Da jedoch die zweite oder spätere Art der *Notenzeichen*, die nämlich mit Mennig geschriebenen. einige Hundert Jahre später sein können (Corda in Palacký und Šafařík's ältesten Denkmäler. S. 23. 24. 33), als die *Zinnoberzeichen*: so zeigt diess die Tatsache an, dass auch noch im 12. oder etwa im 13. Jahrh. in Böhmen Kunstschulen vorhanden waren, in welchen altheidnische Epopeen geschätzt, ja gesanglich eingeübt wurden.

Frügo man nach einem *Orte* dieser Kunstschulen, so würden wir ohne jedes Bedenken irgend eine der vielen *Župenburgen* Böhmens in der Peripherie des Landes nennen, weil diese nicht blos die politische, sondern auch die Kulturmacht jeder Župe in sich centralisirten und gar häufig mit der Centralžupenburg in Opposition stunden. Welche Župenburg es jedoch gewesen, das anzugeben ist allerdings unmöglich, weil aus jenen fernen Zeiten nur dunkle Nachrichten und in spärlicher Zahl an uns gelangten (man vgl. Tomeks Apologie der ältesten Geschichte Böhmens gegen die neueren Anfechter derselben. Prag 1863).

Altböhmen war in stammlicher und religiöser Hinsicht keineswegs ein gleichförmiges Ganze, was es erst durch politische Concentration wurde; es konnte sohin in einer oder der andern Župe noch nationalheidnisches pflegen und schützen, wenn in anderen Župen auch schon christliche Zustände blühten und dies umsomehr, als seitens des Heidnischen das Christliche, seitens des Nationalen z. B. der alten Rechte, aber das Deutsche immer drohender auch an die Peripherie des Landes herandrängte. II. Jireček: Das Recht in Böhmen und Mähren geschichtlich dargestellt. 1. Abt. Die ersten Nachrichten bis zum Schlusse des 10. Jhrh. 2. Abt. Bis zum Schlusse des 12. Jahrh. (Prag. 1865. 1866).

19. Inhalt der Grünbergerhandschrift - Fragmente im Ganzen.

Die Gr. Handschrift besteht aus zwei ungleich grossen Fragmenten: das *erste* ist *neunzeilig*, es fehlt ihm der Anfang und die Mitte, das *zweite* 109zeilig, es fehlt demselben das Ende. Da man nun beide nicht einmal ganz kennt, so ist daraus um so schwerer zu entnehmen, durch welche *Inhaltsgattung* der Cyklus aller der fehlenden Gedichte zum Abschlusse kam. In beiden Fragmenten kommen Schilderungen von *Landtagen* vor, besucht von drei Arten von Ständen: *Kmeten, Lechen* und *Vladyken* genannt; der Cyklus der Epen konnte sohin die epische Entstehungsgeschichte der einzelnen Hauptlandesgesetze: *Pravdy,* sohin die Geschichte der *Gründung* der centralen *Krokidenmacht* Böhmens enthalten. Da nun das grössere Fragment von einer Art gesetzgebenden *Tafeln* spricht, die zweifelsohne in Bilderschrift bestunden, so wird man vielleicht nicht weit von der Wahrheit abweichen, wenn man den Cyclus der *Landtagsbilder,* den die epischen Gedichte enthielten, selbst eine Art Landrechtstafeln, *desky pravdo-datné,* aber in *epische Lautschrift* transferirt, nennt. In der Tat ist die Schilderung darin so concret lebendig, dass man sie heutzutage wieder in Bilder zurück umwandeln könnte, und wir wundern uns wirklich, dass noch kein heimischer Künstler es bisher versucht hatte, die ganze Grünb. Handschr. in ein cyclisches Gemälde- oder Statuenepos umzuwandeln.

Das *erste* Fragment lautet nun: „Jeder *Vater* waltet über seinen Familienmitgliedern: die *Männer* ackern, die *Weiber* bereiten die Kleider, stirbt aber das Haupt der Familie, dann verwalten alle Kinder in Einheit das Vermögen, indem sie sich aus dem Stamme den *Vladyka* (Herrscher) auswählen, welcher Wohlfahrtshalben die feierlichen Landtage besucht und zwar mit den *Kmeten, Lechen* und *Vladyken.* Es stunden auf die Kmeten, Lechen und Vladyken und billigten diese Rechtsbestimmung nach dem *Gesetze.*"

Da nun etwas ähnliches auch im 2. Fragmente vorkömmt, so hat es den Anschein, als ob durch *Landtage,* sohin mit Zustimmung der Volksrepräsentanten eine Revision der uralten, früher zumeist nur *religiös* geltenden Landessitten vorgenommen worden wäre, wodurch diese zu *politisch* giltigen Rechtssatzungen umgewandelt wurden. Die *Krokidenmacht* beruhte nun zumeist auf solchen religiös geltenden Gesetzen (zákony věkožiznych bogóv), mit der *Premyslidenmacht* aber begann die *politische* Centralisation der Župen Böhmens: der Epencyclus konnte sohin auch die epische Ueberführung des *mythischen* Böhmens in das *politische* Böhmen besingen. Fasst man jedoch die Sache etwas äusserlicher, aber praktischer an, so kann dabei die Meinung vertreten werden: die einzelnen Epen erhielten das Andenken an die bedeutendsten *Rechtsstörungen* und deren *Lösungen* mittels der Landtage, wie denn in der Tat das zweite Fragment, das man früher mit Unrecht *Libuša's Gericht* nannte — denn Libuša richtet ja darin *nicht* — den *Erbrechtsstreit* zweier Brüder darstellt, wovon der ältere Bruder *Chrudoš* nach *germanischem*, der jüngere, Stiaglav aber nach *böhmischem* (slavischem) altem Rechte erben wollte: jener nahm nämlich das *fremde* Recht der Erstgeburt: *prvěncu dědinu dáti pravda* (v. 98.), dieser die *heimische* Sitte der gemeinsamen Verwaltung in Anspruch. Der Landtag entscheidet für diese. Dadurch führt nun auch Chrudoš die *Katastrophe* des Ueberganges der *Krokiden-* in die *Přemysliden*-Macht herbei, indem er zugleich das Recht der *Libuša*, den Landtag zu berufen, abläugnet. Frauen und Jungfrauen konnten nur etwa nach mythischen, nicht aber nach politischem Rechte auf dem Fürsten-Throne sitzen und Lubuša zeigt auch beleidigt den Antritt der neuen Dynastie der Přemysliden an. Dieses Epos konnte eben das Ende des Krokidenepencyclus bilden.

Der Form nach bewegen sich, wie man allgemein lehrt, diese Epenfragmente in dem sogenannt *slavisch-epischen* Versmasse d. i. in 10sylbigen Verszeilen hin. Indessen ist dies noch etwas problematisch, da die Sylben *nur gezählt*, nicht gewogen werden, auch die Vollverse nur durch *Hinzufügungen* zu Stande gebracht werden können, welche man bei einem so langen Gesangsgebrauche des Fragmentes nicht leicht entbehrt haben würde. Manche Zeilen enthalten wieder auch mehr als zehn Sylben, z. B. im II. Fr. v. 109. Die edle, gewählte Sprache, die Menge künstlicher Figuren und Tropen, der gleichförmige in's Einzelne ausgearbeitete Fortschritt des Ganzen lassen den Gedanken eines im Volksmunde entstandenen Epos, d. i. eines blossen *Volksgesanges* nicht aufkommen. Wir haben hier keinen Naturdichter, sondern einen *Kunstdichter* vor uns und zwar, wenn der Vermutung Raum gegeben werden darf, den aus der K. H. bekannten Sänger *Lumír* selbst, der da mit seinen „Gesängen ganz *Vyšegrad* bewegte und das gesammte Vaterland!" Und in der Tat war der hier so feierlich besungene *Vyšegrad* der Sitz der Krokidenmacht. Solcher Kunstdichter gab es gewiss viele. So wird in dem Gesange *Igor* der Dichter *Bojan* genannt. „Bojan, ihr Brüder! pflegte seine *sagenkundigen* Finger an lebende Saiten zu legen und diese tönten dann von selbst die Herrlichkeit der Fürsten: Bojan, der Sänger (die Nachtigall) der alten Zeiten." Auch hierin ist sohin die gemeinsame Grundlage jeder echten slavischen alten Kultur nicht zu verkennen. *Lumír* war der Sänger der Krokidenmacht am geheiligten Vyšegrad, — *Bojan* der Sänger rusinischer Fürsten, — *Záboj* der Sänger einer Gränzžupe Nord-Böhmens, die mit deutschen Gränznachbaren zu kämpfen hatte.

20. Einzelnerklärungen zu den Fragmenten der Gr. Handschrift.

Der Inhalt der Grünb. Handschrift ist aus Uebersetzungen so weit bekannt, dass dieser nicht eigens im einzelnen hergesetzt zu werden braucht: *Erklärungen* sollen in schwierigen Puncten eben nachhelfen. Das wahre Verständniss desselben wächst eben allmälig mit der Zunahme der Kenntniss vergleichender Slavistik, dann mit der Zunahme der Erkenntniss böhmischer Archaeologie überhaupt und böhmischer Kulturgeschichte insbesondere.

Erstes Fragment. V. 1. Der Ausdruck: *ot voie-vodi* bedeutet allerdings so viel, als: der Vater führt die *Streitbaren* an, aber die Streitbaren (voie) sind nicht unmittelbar die Bewaffneten oder gar die Heere: sondern die *Männer* der Familiencommune (čeleď) überhaupt: es liegt darin enthalten der Vorzug der Männer vor den Weibern, oder mit andern Worten, dass auch dem böhm. Altertume nur der tätige Mann *Vollmensch* war. Die Wurzel von voie ist *vi*, winden, im Sinne von geben, tätig sein, daher voie die Aktiven.

Der so strittige Unterschied und Zusammenhang der *Kmety*, *Lěchy* (Lěši) und *Vladyky* ist wol am besten etwa so aufzufassen: *Vladyka* (Waltende) war ursprünglich mehr als *voivoda* (Führer der Aktiven) oder *ot* (Vater) oder *batja* (Herr, vgl. báča) der Familienlenker: er war das Haupt (glava) mehrerer Familien, den diese aus sich d. i. aus dem *Stamme* (rod), nicht aus der Familie (čeleď, rodina) zu wählen hatten, damit er eben als Stammrepräsentant die Landtage besuche. Schwieriger ist schon das Wort *Ljach*, *Lěch* zu erklären, dessen *Wurzel* ganz zweifelhaft ist, da das Wort zumeist aus *unursprünglichen* Lauten besteht. Lěchen waren ursprünglich wol selbstständige Anführer mehrerer Stämme oder doch mehrerer Familiencommunen: ein Lěch scheint sohin über mehreren Vladyken gestanden zu sein: als Besitzer oder besser gesagt, als Lenker grösserer *Landes*bezirke mögen sie auch *zemané* geheissen haben, wie sie als Lenker der *Personen knězi* (Fürsten d. i. Fürdersten, später mit dem Diminutiv verschönernd *knížata*) genannt wurden. Der kněz erkannte keinen Oberherrn mehr über sich, denn sein Landesbezirk d. i. seine *Župa* stand ursprünglich unter *keiner* Oberžupe: der Fürsten Länder und ihre Leute bildeten zusammengenommen die slavische selbstständige politische Persönlichkeit (Individualität), oder mit einem älteren Ausdrucke: die moralische Person. Eine solche Župe unter *Záboj* und eine andere unter *Slávoj* werden in der K. II. besungen als zwei *föderirte* politische Individualitäten: solchergestalt waren wol alle Župen des alten Böhmens — gedrückt in der kriegerischen Unterjochungs-Zeit der *Bojer*, *Markomannen* und *Avaren* — welche endlich befreit unter die *religiöse Centralžupe* des Centralfürsten zu Vyšegrad frei (insoferne Religionsverhältnisse frei genannt werden können) sich einordneten. Wie aber an die Stelle der religiösen Čechidenmacht die *politische* Přemyslidenmacht trat, verloren die Župen der Peripherie nicht ohne Widerspruch und Kampf ihre Selbstständigkeit, denn sie wurden statt *parcs* (pairs) mit dem che-

4

maligen Fürsten Přemysl und dessen Nachkommen zu bleiben, zum hohen *Landadel* (páni) dem Klein-Landadel der *Vladyken* gegenüber, bis sie sich endlich in die hohen Beamten des Centrallandesfürsten verwandelten. Man vergl. die Erklärungen Šafařik's im Musejnik 1864. S. 9. und H. *Jireček* in: Das Recht in Böhmen und Mähren. Die Lěchen verkündigten am Landtage auch den Beschluss: die *větśina* (Mehrheit, Majorität) oder die *větśina*, Ausspruch? eminentia? altslav. vęstьšina: aus der Schreibweise allein: „*uecina*“ kann man sich weder für das eine noch für das andere mehr entscheiden. Das urälteste Böhmen hatte sohin als blosser innerer Föderativstaat *keine* Landtage — es hatte natürlich auch *keine* Landtage, so lange die Fremdherrschaft z. B. der Bojer Böhmen unterjocht hielt. — Im *religiös* unter Vyšegrad centralisirten Böhmen war aber der Landtag aus dem hohen und niederen Adel, eben weil dieser Schützer der Heiligtümer und der Hüter der Gesetze der ewig lebenden Götter war, zusammengesetzt, sohin weder demokratisch noch aristokratisch in unserm Sinne, weil der sogenannte Adel eben nur die gewälte *Familien-* und *Volksrepräsentanz* war.

Der dritte sogenannte Stand, die *Kmeti*, die Senatoren sind wol ein *späteres* Produkt der Centralmacht, nämlich ein vom Fürsten selbsterwählter Beirat, den man in Mähren u. d. N. *Páni hospodáři* findet. Sie scheinen ihren festen Sitz am Fürstenhofe oder doch in dessen Nähe gehabt zu haben, um auch ausserhalb des Landtages Rat erteilen zu können. So kommen z. B. die *Kmeten* im 2. Fragmente am Vyšegrad *nicht* zusammen, sondern nur die Lechen und Vladyken (II. v. 44, 45.), wahrscheinlich weil sie am Vyšegrade selbst wohnten. So frägt z. B. noch bei Dalemil Drahomíra bei den Kmeten an, wer bei der Minderjährigkeit ihres Sohnes herrschen solle. Die Kmeten, nachdem sie sich beraten hatten (potazachu), antworteten, sie solle ihren Sohn· wol pflegen und bis zu seiner Mündigkeit das Land verwalten. Drahomíra erscheint nur als *zeitweilige* Fürstin, oder aber vielmehr nur als *Erzieherin* des jungen Fürsten. Es scheint, dass der einmütige Beschluss der Kmeten für den Fürsten *bindend* war, wie es der Landtagsbeschluss aller drei Stände gleichfalls war (*národ k rozsúzeniu na sněm sboren*). Am äussern Range scheinen die Kmeti allen Ständen vorangegangen zu sein, wenigstens spricht Libuša die Stände so in der Ordnung an: Kmeté, Lěsi i Vladyky. Vgl. Palacký dějiny I. 2. S. 233. 234. So lange die Centralmacht des Fürsten nicht erstarkt war, mag es noch keine Kmeten am Landtag gegeben haben, und auch der Dichter unseres Epos scheint mehr die Landtage *seiner Zeit*, wenigstens zumeist, zu schildern, als die zur Zeit der mythischen Ljubuša, wo es, einen historischen Kern überhaupt vorausgesetzt, kaum etwas mehr als religiöse Versammlungen am Vyše· grad gegeben haben mag. Der Ursprung des Wortes *Kmet* ist fraglich: eine slavische Wurzel ist unbekannt: das lateinische comes, comites nicht recht passend. Ueber Kmet bei den *Serben* s. V. St. Karadzić im 1. B. der Slav. Bibliothek (Wien, 1851. S. 85.), bei den *Polen* s. Ossolinski. Bibliothek IX. B.

Zweites Fragment. „Aj! Vletavo! warum trübst du dein Gewässer, dein Gewässer sonst so silberschäumig.“ Der Name *Vlet-ava*, nun Vlt-ava, ist eine Sinn Reduplication, Flut-fluss oder Fluss-flut bedeutend, da *ava* dasselbe im arischen bedeutet, was *vlet*, vlt im altböhm. nämlich fliessendes Wasser (vgl. latein. aqua mit fluctus). Es ist ein Wortrest, das auf uralten Volkswechsel in Böhmen deutet (wie ähnliches auch anderwärts häufig vorkömmt z. B. Mar — morja — Meer). Das arische Urvolk nannte nämlich die Flüsse *ava* oder *aha*, die später aus demselben arischen Urvolk, wol durch Vermittlung der Litauer, sich entwickelnden slavischen Böhmen, welche wenigstens teilweise aus den Karpathenländern sich hierher verbreiteten, nahmen es schon unverstanden für einen Eigennamen und nannten daher den Strom: *„Fluss Ava“*, die flutende Ava. Vgl. Saz-ava für Sad-ava; Mor-ava; Fuld-aha u. dgl.

Die *Moldau* wird aber hier als Hauptfluss der *Krokiden*macht, der damaligen religiösen Landeseinheit, also als der Centralhauptfluss angesprochen, aber nicht als solcher, sondern nur als belebendes Naturbild des böhm. *Centralvolkes* selbst. Es ist somit der antithetische Tropus wol den Worten, nicht aber den Gedanken nach darin übergangen, nämlich der Tropus: Es war aber nicht der Fluss Vltava, es war die bewegte Flut des *Volkes* in der Mitte Böhmens, die sich so betrübte. Daher antwortet auch die Moldau bereits als *Volksflut*: „Wie sollte ich denn meine Fluten nicht trüben, wenn zwei leibliche Brüder um ihr väterlich Erbteil streiten.“ Beachtung verdient auch hiebei das Zurückdrängen der *Elbe*, und in Wahrheit *fällt* auch *die Elbe in die Moldau* und nicht die Moldau in die Elbe.

Die schwierige Stelle: „prilietieše družná *vlastovica*;“ als die gesellige Schwalbe herangeflogen war (prilietie sie, in ähnlicher Construction, wie in der K. II.: „letie mlat“ und „přiletie holub“) wurde vom Prof. *Hattala* (musejn. 1857.) mit Recht gleichfalls durch den ebenberührten Naturtropus d. i. durch die den Slaven so geläufige Gedankenwendung von der Natur zu der ihr ähnlichen Menschheit, erklärt, aber auf eine ganz eigentümliche Weise, nämlich: es war *keine* Schwalbe, sondern das im Verhältnisse des *Posestrimstvo* (Schwestertum, s. Vuk Stef. Karad. rječnik) zur leiblichen Schwester der hadernden Brüder, welche am Vyšehrade wohnte, stehende Mädchen. Schon Jos und Ant. Jungmann hielten die Schwalbe für das Bild einer — aber leiblichen — Schwester (Krok, 1822. I. 3. S. 60. Vgl. Sušil, mor. písně, 1860. S. 424. 425.).

Wir halten diese Erklärungen jedoch nicht für ganz zureichend, da auf die Angabe eines *Mädchens* gewiss kein so politischer Act, wie die Zusammenberufung des ganzen richtenden Landtages erfolgt wäre. Wir nehmen hier die *Schwalbe*, einen durch den Volksglauben geachteten Vogel, als ein *Bild des Volksrufes* selbst (vlastovica heisst wörtlich wirklich die heimatliche), als ein Bild des mit der Schnelle des Vogelfluges an den *aufmerksamen* Vyšegrad (na okonce rozložito) sich verbreitenden *Trauergerüchtes*: dasss die alten Rechtsgebräuche und heimischen Sitten zu sinken begännen, welche Erklärungsweise die böhmische sprüchwörtliche Redensart: po ptáčku se dozvěděti, durch den Vogel etwas erfahren, unterstützt.

Wie sehr in der Tat dieser Brüderstreit den Bruch alter heimischer Volkssitte andeutete, hat J. P. *Šafařík* in den Sitz.-Ber. d kön. böhm. G. d. W. iu Prag (1859. 19. Decemb. — Pražské novin. 1859. Nro. 310. 21. Decemb.) genugsam angedeutet: es handelte sich nämlich um nichts geringeres als darum, ob die *deutsche Sitte* des Erstgeburtsvorrechtes ("prevěncu dědinu dáti") wenigstens einzelner, mit den Böhmen gränzender Völker, oder aber das *slavische Recht* des Vereineigentums bei Erbschaften künftighin gelten sollte. Diesen drohenden Bruch sollte Lubuša „po-praviti," d. i. wieder zu Rechte machen, darum berief *sie* den Landtag. — Die Ansicht, dass im 1. Fragmente „die Darstellung des Haders zwischen den Brüdern und die zwischen beiden getroffene *Vereinbarung*, ihren Streit vor Libuša's Gericht zu bringen, erzählt worden sei (Tagesbote, 1858. N. 292, 22. Oct.), ist wol nicht sachlich begründet.

Das Gedicht nennt nur *sieben* Landtagsmitglieder, vielleicht nur beispielsweise, um etwa den Umkreis der damaligen Centralfürstenmacht anzuzeigen : denn die am Landtage versammelten werden *Národ*, Volk, genannt. Schwerlich ist aber die Siebenzahl hier mythisch gesetzt. Die Namen der Berufenen bestehen bis auf den Namen Radovan aus blossen Wortcompositionen, worunter drei: Luto-*bor*, Rati-*bor* und Strězi-*bor* nämlich, sogar gemeinsam mit *„bor"* auslauten. Dies weiset auf historischlinguistische Culturschichten hin, da der Dichter als solcher gewiss derlei Wiederholungen vermieden hätte. Die Berufenen treten unter Förmlichkeiten, nach dem Alter (Geburt?) nämlich (rozenia — dlě), in den Saal, zuletzt besteigt die Fürstin (kněžna) im weissglänzenden Gewande den väterlichen Thron.

Hiebei, wie im folgenden, ist schwer zu sondern, was dabei auf *Wahrheit* und was auf *Dichtung* hinweiset, möge man sich nun auf den Standpunkt der *Geschichte* oder der *Sage* stellen, denn *Ljubuša* ist in beiden eine sehr fragliche Gestalt, ob man nun auf ihre beiden Schwestern *Kasi* und *Teta* mit Rücksicht nimmt oder nicht. Was sollen auch die beiden *weissagungs*kundigen Jungfrauen in einem *historisch* und *politisch* geschilderten Landtage, der sogar feste Formen des Verfahrens hatte ? Kamen sie auch beim Landtage des ersten Fragmentes vor ? war dort noch Krok der Fürst? oder auch schon Ljubuša die Fürstin? welches Gesetz galt: umre-li *glava* des *fürstlichen* čelědina? herrschten auch da die „děti *vsie v jedno,"* „vladyku si z rodu vyberúce," war dieser Fürst-Vladyka hier Ljubuša und die zwei andern Jungfrauen etwa ihre Schwestern: „die heilkundige Zauberin *Kasi*, die fromme Deuterin des religiösen Kultus und Reglerin der heil. Gebräuche *Teta*," wie Šafařík sie nennt ? Wie *sagenhaft* stechen Krok's *drei Töchter* gegen die derbe historische Menge der Kinder des Samo ab: hier (bei Samo) ist Geschichte, dort (bei Krok) Mythe! sohin zwei ganz verschiedene Kulturkreise. Krok's drei alrunenhafte Töchter sehen wir dem Landtage vorstehen: Libuša, die weise Richterin und mythische Nachfolgerin des weisen

Krok, sehen wir aber *nicht* selbst richten, sondern geltende Rechtsformen dem Landtage vorlegen, und die zwei anderen Jungfrauen weder die desky pravdodatné befragen, noch das Unrecht strafende Schwert führen: sondern die Stimmen in geheiligte Gefässe sammeln und sie den Lěchen zum Verkündigen vorlegen.

Die *Mythe* ist aber hier ganz wie wirkliches Geschehen behandelt und namentlich die Sonderbarkeit, dass drei Jungfrauen als Reglerinnen eines nationalen Landtages vor uns erscheinen, wol nur so historisch zu erklären, dass in Wirklichkeit die durch den Čechenstamm begründete Einheit der vielen Stämme Böhmens auf einer *religiösen Grundlage* beruhte. Die *drei* Schwestern werden wol nur die *drei* Seiten oder Beziehungen *einer* und derselben mythischen Wesenheit sein, die unter dem Namen *Wanda* in polnischen Mythus als Tochter des Krakus erscheint. *Wanda* bedeutet aber, nach der litauischen Form *vandů* zu schliessen, urspsünglich wol Wasser (slav. voda d. i. v-od a, skr. ud-a, lat. unda). Die Massen *Burgen* um den alten Vyšegrad herum weisen schon durch sich selbst auf eine Masse Heiligtümer im Centrum des Landes hin, *Krakov, Kazin, Tetin, Vyšegrad* (Praga) zeigen auch topographisch auf eine Centralstätte von Kultusheiligtümern des *Čechenstammes* hin, deren *persönliche* Repraesentanten hier die drei Jungfrauen sind: so wie als *sachliche* Repraesentanten die geheiligten „*Runen*" oder „*Gesetztafeln*" (wie Šafařík die desky nennt), die *rechtverkündigende Flamme* und das heilig reinigende *Wasser*, endlich das sühnende *Strafschwert* fungirten (Ordalien. J. *Slavíček*, Právník, 1861. S. 70. — II. *Jireček*, Das R. in B. und M. S. 63—65).

Das *Schwert*, welches ursprünglich bei den Slaven, wie der Hammer bei den Deutschen, ein geheiligtes Zeichen — die Waffe des Blitzgottes nämlich — war, das *Wasser* und *Feuer* sind hier schon zu Rechtssymbolen herabgedrückt, so wie die drei Jungfrauen, die vielleicht ursprünglich nur das waren, was sachlich Wasser, Feuer und Blitzschwert ist, zu das Recht vermittelnden Persönlichkeiten, um einigermassen die historische Färbung des Landtages zu begründen. Das Schwert, das Feuer und Wasser sind auch sonst als Rechtssymbole bekannt, die *desky pravdodatné* und die beiden in *rechtskundigen* Liedern unterrichteten *Jungfrauen* (Jireček l. c. S. 44.) sind, persönlich betrachtet, hier etwas eigentümliches. Vgl. oben *Wanda* als Wasser und die Anrufung der *Vlet-Ava* — sodann über Čech, Krok, Libuša und Přemysl die Sitzungsberichte der kön. böhm. Gesellschaft 1866. 12. Februar.

Uiber die *desky* sprachen wir uns schon oben aus, die Deutnng der „*Věšćby vítzovy*" (vaticinia, vatum cantus) als *rechtskundige* Gesänge, statt blossen *Helden-Gesängen* (carmina heroica) ziehen wir hier, als mehr zur Rechtssache gehörig, vor: sie *besangen* wahrscheinlich dasjenige *episch*, was die desky *graphisch* vorstellten: ja wir haben auch schon oben unsere Fragmente selbst als Reste solcher věšćby vítzovy hingestellt (Palacký u. Šafařík l. c. 96—99.). Volle Klarheit wird wol in alle diese Einzelnheiten niemals dringen.

Unsere ebenfalls oben schon geäusserte Ansicht von der *religiös* begründeten Oberherrschaft der Čechen oder Krokiden über die anderen böhmischen Volksstämme finden wir auch noch bestättiget in den Worten der Ljubuša, womit sie sich an den Landtag wendet: *Ihr* Kmeten, Lechen und Vladyken! habt zu Recht zu sprechen: ob die streitenden Brüder *"nach dem Gesetze "unserer" ewig lebenden Götter"* entweder *gemeinsam* die väterlichen Güter verwalten, oder ob sie dieselben zu *gleichen Teilen* besitzen werden. Der zweite Fall mag nur ein Ausnahmsfall gewesen und die *Gemeinsamkeit* der Güter eben nach den Gesetzen *"unserer"* ewig lebenden Götter religiöse Sitte gewesen sein. — Immerhin ist es aber bedeutungsvoll, dass schon der Landtag befragt wird, ob die *heilige Sitte fortbestehen* solle oder nicht, denn Ljubuša sagt ausdrücklich: „Schienen *Euch* aber meine Vorlagen (výpovědi) nicht nach der Vernunft zu sein (po rozumu), dann werdet *Ihr* eine *neue Entscheidung* (nový nález) treffen" (v. 64—67). Libuša *richtet sohin nicht,* gibt jedoch selbst die Möglichkeit eines Abfalls von der alten heiligen Sitte zu. Der Schluss des Fragmentes weiset auf die fremde Ursache dieser Möglichkeit in den Worten des Ratibor ot gor krekonoši hin: „Unrühmlich wäre es für uns bei den *Deutschen* das Recht zu finden: bei uns gilt das Recht nach dem *heiligen Gesetze,* das unsere Väter (in dies Land brachten)", welche Worte den Čechenstamm wol als einen *Centralheiligtümer* in das Land bringenden und sich eben deshalb in der Mitte des Landes ansiedelnden Volksstamm nachweisen. „Unsere Väter", *„otci naši"* sind dies Stammväter oder Penäten? Diedci? und die *drei Flüsse?* sind sie geographische Ströme oder mythisches Gewässer, über welches allerdings alle Penaten herüber müssen. Allerdings waren wol seit jeher Heiligtümer im Lande, allein die vielhundertjährige Herrschaft der Bojer und Markomannen hat eben deren Herrschaft erdrückt, die sohin durch die Ankunft der Čechen neu belebt werden konnten (Aelteste D. M. 99. 100. Výměsky o dědičném právu v Čechách pod. Šafařik musejn. 1864. Seite 3.).

Es scheint jedoch, dass auch diese Heiligtümer, obschon sie ihre Macht gegen den deutschgesinnten *Chrudoš* noch werktätig bewiesen, doch schon als schwach angesehen wurden, um dauernd das Land organisiren zu können: denn mit Lubuša trat das *religiöse Böhmen* der *Čechen* in den Hintergrund und das *politische* Böhmen der *Přemysliden* in den Vordergrund.

Am Schlusse muss noch auf eine scheinbare Differenz zwischen dem *ersten* und *zweiten* Fragmente aufmerksam gemacht werden. Im ersten Fragmente heisst es nämlich: Es stunden auf die *Kmeten, Lechen* und *Vladyken* und billigten den Rechtsspruch als gesetzlich: während im 2. Fragmente nur die *Lechen* und *Vladyken* stille unter einander sich zu besprechen beginnen und die Aussprüche Lubuša's belobten. Allein im ersten Fragmente handelte es sich wahrscheinlich weder um einen Rechtsstreit noch um einen *neuen* Beschluss (nový nález): sondern nur um die Anerkennung eines alten Rechtes. als *heimische Satzung,* was allerdings auch Sache der Kmeten gewesen sein konnte, während das eigentliche, die strittigen Angelegenheiten entscheidende Volk doch nur Lechen und Vladyken repraesentirten.

21. Angriffe der Echtheit der Grünb. und Königinh. Handschrift.

Es hiesse gewiss die Zeit nur mit Nutzlosem zubringen, wollte man noch heutzutage alle die *Angriffe* gegen die Aechtheit der G. H. im einzelnen widerlegen: die gleich unten folgende *Literatur* gibt das Quantum und Quale derselben andeutend an.

Wurden andere Handschriften angegriffen, so wurden sie dies einmal und sanken in ihr verdientes Nichts (z. B. Pertz, Archiv, IX. 465. Sybel, Zeitschr. I. 127. X. 171. Springer, Gesch. Oesterr. II. 12): die G. und K. Handschriften kehrten jedoch nach jedem Angriffe nur um so *sieghafter* zurück: man hatte sie irtümlich nur todgesagt.

Es ist auch jetzt der Standpunkt der Angriffe und ihrer Wiederlegungen ein ganz anderer, als er noch vor einigen Jahrzehnden war : die Kenntnisse in der Palaeographie, comparativen Linguistik und Geschichte der *Psychologie* und *Poesie* sind in unsern Tagen so erstarkt, dass man mit Sicherheit behaupten kann, ein solches *Geistes-* und *Schriftprodukt*, wie es die genannten Handschriften sind, war zu *fälschen* vor fünfzig Jahren eine *Unmöglichkeit*. Ja es kann die erste Academie der Welt auch *noch heutzutage* welchen *Preis* immerhin auf die Nachahmung einer ähnlichen Grünberger und Königinhofer Handschrift aussetzen und Niemand wird ihn verdienen!

So lange dies nicht geschieht, wäre *ein* Wort über die Angriffe zu verlieren, rein eitel: *beati* Bohemi *possidentes*.

22. Literatur über die Grünberger und Königinhofer Handschrift.

Es stehe hier auch eine Uebersicht der ausgebreiteten *Literatur*, die sich bereits über beide Handschriften, zum Teile *für*, zum Teile gegen dieselbe herangebildet hat. Wir nehmen hier vorgreifend die Literatur der K. H. mit, einerseits um uns einen Weg zur nachfolgenden Betrachtung dieser Handschrift selbst zu bahnen, andererseits weil die Literaturen beider, ohne sich grosser Wiederholungen schuldig zu machen, nicht gesondert gegeben werden können.

Jahr 1817.

Aufgefunden wurden beide Handschriften in demselben Jahre, aber die Gr. H. im Südwesten, die K. H. im Nordosten Böhmens. Die K. H. erfreute sich jedoch eines viel besseren Geschickes, einer

viel freundlicheren Aufnahme als die Gr. H. wegen der anonymen
und ungeschlachten Form der Einsendung.

Jahr 1818.

Denn obgleich erst im Spätherbste aufgefunden, wurde die
K. H. doch schon im J. 1818 von *Hanka*, dem Auffinder, in seinen
Starobyla skladanie (II. B. S. X.) probeweise dem böhm. Publikum
vorgeführt, was durch W. *Svoboda* in den vaterländischen Blättern
(Wien S. 52.) und *Linda* (Pražské noviny, S. 115) weiter verbreitet
wurde. In demselben Jahre bewillkommnete sie selbst Jos. *Dobrovský* in seiner zweiten (eigentlich dritten) Ausgabe der Gesch. der
böhm. Sprache und Literatur (S. 385—390) auf das wärmste, wie
dies auch von ästhetischer Seite *Dambeck* im Hesperus (N. 71)
und in literarhistorischer Hinsicht die damals in Wien erscheinen-
den Srbské noviny (S. 87. 88.) taten. Die Gr. H. kam aber in
diesem Jahre erst heimlicher Weise nach Prag.

Jahr 1819.

In diesem Jahre gab schon *Hanka* die editio princeps der
K. H. heraus, die nun eine der grössten Seltenheiten wird (kl. 8°
2 Bl. Vorwort, 119 S. Text, 3 ungezeichnete Seiten die Versfrag-
mente (Streifen), und 4 eben solche Seiten Erklärungen: worauf
dann unter eigener Paginirung die deutsche Uibersetzung Prof.
Wenzel *Svoboda's* von Navarov folgt. Diese Uibersetzung hatte ein
erklärendes Vorwort, das aber einem Auszuge aus Dobrovský's
Gesch. d. böhm. Sprache weichen musste. Die Uibersetzung selbst
füllt 62 S.). Diese Ausgabe ist unter allen spätern Ausgaben
Hankas die wissenschaftlichste, weil er darin den Text unverändert
gibt, allerdings nur, wie er ihn damals selbst lesen konnte, und
sich darin nur in der Nachahmung des kleinen Formates der Handschrift und der Starobyla Skladanie, als deren besonderer Teil,
díl zvláštní, die K. H. erschien, dann in der Vorrede und in den
Erklärungen unbekannter Worte äussert. Wie fern sein Geist dem
Wesen der Handschrift stund, zeigt die Vorrede, in welcher ihm
Lumír und Záboj *dobrodružství* d. i. Abenteur besingen. Sie waren
ihm also eine Art Troubadoure und Minnesänger. *Záviše* von Rosenberg (Vitkovic) dichtete, oder sammelte doch (nach Hanka)
diese Gesänge. — Tiefer beurteilte allerdings der tüchtige und
warmfühlende *Meinert* in Hormayer's Archiv (1. II.) diese Gedichte
und fand sein Echo sowol im Prager Hyllos (N. 15—17), als auch
in der Prager Zeitung (N. 84. 85). Ja selbst ein *Kopitar* rühmte
zumeist mit Worten *Dambeck's* die K. H. in den erneuerten vaterländischen Blättern (Wien. Chronik. S. 34).

Jahr 1820.

Starb Ant. *Puchmayer*, der zuerst durch den Grafen Sternberg die Gr. H. zum Entziffern erhalten und nach Prag gesendet

hatte. Ant. Jungmann verfertigte sich eine Abschrift von einer Abschrift seines Bruders Josef, des Slavisten, und sendete dieselbe an den Polen Val. Skorochod *Majevski*, und erstaunte nicht wenig. als er in J. B. *Rakoviecki's* Pravda ruskaja (Warschau) seinen Brief und die Abschrift abgedruckt fand, während der Russe *Siskov* die K. H. böhmisch und russisch in den Izvěstija rossijskoj akademiji in Petersburg (VIII. S. 47—215) abdrucken liess.

Jahr 1821.

Liess der als Gelehrte und Minister rühmlichst bekannte Šiškov auch die Gr. H. in die genannte akademische Schrift (im IX. Hefte) nach Rakoviecki abdrucken.

Jahr 1822.

Erschien von den Brüdern *Jungmann* in Prag (Krok, 1. B. 3. H.) die *erste* wissenschaftliche Ausgabe der Gr. H. mit neu-böhm. Texte und Anmerkungen (S. 48—61).

Jahr 1823.

Liess der Russe Nic. *Grammatin* mit seiner Ausgabe des *Igor* zugleich die russische Uibersetzung von der Gr. H. in Moskau erscheinen, während zugleich in der Prager Zeitschrift: der *Kranz* die erste deutsche Uibersetzung derselben erschien.

Jahr 1824.

Es brachen die heftigen Angriffe des damals gemütskranken Dobrovský gegen die Gr. H. *öffentlich* aus (Hormayer's Archiv, N. 46), die er bisher nur privatim in Prag geäussert hatte. W. *Svoboda* replicirte daselbst (N. 64), was aber Dobrovský nur kampflustiger machte, da er im Archiv (N. 79) und zugleich in den Wiener Jahr-Büchern (27. B. S. 95—100—114) die Handschrift angriff. Siehe: Literární působení Jos. Dobrovského (Abhandl. d. kön. böhm. G. d. W. 1867. 15. Band).

Jahr 1825.

Dobrovský setzte die Angriffe fort (Archiv 11. Feber) und schrieb an den Engländer *Bowring*, der in demselben Jahre in the foreign quarterly review (III.) seine Anerkennung der K. H. bezeugt hatte und auch eine Anthologie böhm. Gedichte herausgeben wollte, er möge sich vor den böhmischen Fälschern in Acht nehmen.

Jahr 1829.

Dobrovský starb und Hanka gab mit *Svoboda* die zweite Ausgabe der K. H. oder eigentlich die *erste* populäre Ausgabe heraus, die obschon sie sich den Anschein einer wissenschaftlichen gab, nichtsdestoweniger aber mit dem Texte oft ganz willkürlich umsprang.

Die Gr. H. ist darin als kurzer „Anhang (přídavek)" mit aufgenommen, ja sogar das *gefälschte* Lied an den Vyšehrad und das Minnelied König *Wenzel's*, obschon die Herausgeber selbst gelinde Zweifel darüber äusserten (S. 183. 184 deutsch, S. 191. böhmisch). Bei Gelegenheit dieser Ausgabe erschien ' in den Wiener J. B. (48. B. S. 138—169, insbesondere aber S. 164—166) die erste vollständige Kritik und Analyse der beiden Handschriften, namentlich aber der verletzten Grünb. Handschrift durch Fr. *Palacký*, welcher Analyse jedoch der damalige Redakteur der J. B. *Kopitar* eine bittere Nachschrift zufügte.

Jahr 1832.

Bowring gab zwar seine angekündete *Cheskian anthology* sammt dem warnenden Briefe Dobrovský's (S. 7–9.) heraus, jedoch nicht darauf achtend; aber von einer andern Seite erschien ein unerwarteter Angriff. Denn G. *Palkovič* gab in seinem Almanache Tatránka in Pressburg beissende Bemerkungen über die Gr. H. zur Schau, die jedoch alsobald ihre gebührende Abfertigung durch Jos. *Jungmann* im Prager Musejník (II. S. 239—248) fanden, wo auch interessante Aufschlüsse über das Gedicht „an den Vyšehrad" zu finden sind. Seitens der Fälschungen vergleiche die Sitzungsberichte d. kön. böhm Ges. d. Wissensch. vom 6. Juli 1863 und 31. Oktober 1864.

Jahr 1833.

Palkovič verstummte jedoch nicht sogleich, wie die Tatránka bewies, und verbarg sich, während er seine gehässigen Pfeile gegen Böhmen losschnellte, hinter den Schild Dobrovský's, woher ihn jedoch Fr. *Palacký* im Musejn. 1834. (S. 462—465) nicht nur glücklich heraustrieb, sondern auch zum endlichen Verstummen brachte (Palkovič starb 1850).

Jahr 1834.

Palacký begleitete auch in demselben Jahre den Zigeuneraufsatz Eduard *Quinet's* im de Varro's Almanach de Carlsbad (S. 181) mit seinen treffenden Bemerkungen; in demselben Jahre also, in welchem er von der Echtheit der Gr. H. fest überzeugt zu sein, öffentlich erklärte (Musejn. 1834. S. 464. 465).

Jahr 1830 bis 1839.

Sehr edle Namen unter den *Rusinen* (z. B. Šaškievič, Vahylevič), *Russen* (z. B. Bodjanski) und *Polen* (z. B. A. Bielovski) hatten, durch die Angriffe sich nicht irre machen lassend, die bedeutendsten Teile beider Handschriften gewürdigt und zum Teile in ihre Sprache übertragen. Wir führen als Beispiele an: den Lemberger Haličanin (1830. 1. 202. II. 93), Zievonia (1834. S. 229), bis endlich L. *Sieminski* im J. 1836 die ganze K. H. übersetzte.

Siehe darüber die Květy vom J. 1836. Beil. S. 76. 79. Uiber diese
und andere Uibersetzungen und Bearbeitungen siehe auch den Aufsatz *Kaubek's* und *Nebeský's* im Musejník 1838. S. 363. 367. 1852.
S. 144. 1853. I. 124. 136. 142. Im J. 1838 veranstaltete auch
Sreznevský in Prag (bei Spurný, VIII. 75) eine Ausgabe der K. H.
und Igor's für Russen. F. G. *Eichhof* machte mit den Handschriften die Franzosen durch sein Werk bekannt: hist de la langue
et de la literature des Slaves. Paris 1839. Während sich die Uibersetzungen und Erklärungen mehrten, so ruhte doch *Kopitar* nicht, indem er im J. 1837 in dem Aufsatze: de veterum codicum bohe-
micorum insperatis *inventionibus* non sine causa *suspec'is*, welcher
im Hesychii glossographi discipulus (Wien. S. 58) erschien und
den skeptischen Bemerkungen nachfolgte, die im 14. Bande von
Gersdorf's Repertorium desselben Jahres erschienen. Diese waren
nämlich von Kopitar schon ein Jahr früher geschrieben worden,
blieben aber liegen.

Jahr 1840.

Das grosse Werk *Palacký's* und *Šafařík's*: die ältesten Denkmäler der böhm. Sprache (Prag in den Abhandlungen der kön.
böhm. Gesell. der Wiss.) machte Frieden auf fast 18 Jahre, da
selbst *Kopitar* verstummte (geb. 1780 † 1814). Die „Denkmäler‟
standen damals auf der vollständigen Höhe der Wissenschaft und waren
so der erste Anlauf zu einer wissenschaftlichen Literaturgeschichte,
die fortgesetzt werden sollte, was leider nicht geschah, da Šafařík
von allen historischen Arbeiten sich zurückzog, um fortan seiner
Lieblingswissenschaft, der Linguistik, zu leben. Leider sind sie
formal sehr ungleichartig gearbeitet, indem der Anfang viel zu
breit gehalten, das Ende jedoch zu sehr praecipitirt ist. Die K. H.
blieb dabei so ziemlich ausser Betracht, einerseits weil die Gr. H.
relativ schon den meisten Raum absorbirt hatte, andererseits weil
man Hanka im ruhigen Alleinbesitze der K. H. nicht stören wollte.
Für die Gr. H. sind sie die einzige kritische Ausgabe derselben,
sie geben deren vollständige Literatur, Transscription in der Kyrilica, deutsche und lateinische Uibersetzung derselben, so wie ein
litographirtes Facsimile, das ziemlich geeignet ist, den Einblick in
das Original zu ersetzen. Auch noch heutzutage sind sohin die
„Denkmäler‟ ein gesuchtes und geschätztes Werk.

Jahr 1845.

·Ein eben solches, obschon für weitere Kreise berechnet, ist
das Werk des hochherzigen Grafen Jos. Math. *Thun,* das unter
dem Titel : Gedichte aus Böhmens Vorzeit, in Prag bei Tempsky
erschien. Die literaturhistorische Einleitung schrieb mit Meisterhand
Šafařík. Die Gedichte der Gr. und K. H. sind darin nach ihrem
muthmasslichem Alter gereiht, mit altböhmischem, jedoch neubüh-
misch transscribirtem Texte und einer Uibersetzung des Grafen ab-

gedruckt. Diese Uibersetzung zeichnet sich durch grössere Genauigkeit aus, als die frühere Uibersetzung Svoboda's, die zu sehr modernisirt ist. Leider kommen mitten unter den Gesängen der K. H. (S. 105) die gefälschten Lieder an den Vyšehrad und das Minnelied König Wenzel's vor, das jedoch bescheiden mit dem Anhange vorlieb nehmen musste (S. 179). Man vgl. damit O. *Schmeller* in den Münchner gelehrten Anzeigen, 1846. — In demselben Jahre 1845 erhielten beide Handschriften einen wissenschaftlich besorgten Text im Výbor literatury české, obschon nun bei dem grossen Fortschritte der Slavistik in den letzten 20 Jahren eine neue Auflage derselben höchst erwünscht wäre.

Jahr 1844—1852.

Um diese Zeit herum waren wiederum Erklärer und Uibersetzer sehr tätig. So hatte schon im J. 1844 *Kalina* (geb. 1816 † 1846) in der Prager Zeitschr. Ost und West die einzelnen Lieder der K. H. gewürdigt, der Musejník (1845. S. 586) brachte südslavische Uibersetzungen derselben von *Stanko Vraz*, während auch *Berlić* eben solche vom J. 1848—50 zuerst einzelnweis, dann 1852 gesammelt in Prag erscheinen liess. Im J. 1846 gab auch Nik. *Berg* in Moskau eine Uibersetzung der K. H. heraus, die 1851 wiederholt wurde. Im Musejník 1847 (II. 225) findet man oberlausitzische Uibersetzungen J. *Buk's* (III. 122), *serbische*, aber nur vereinzelt. In den „neueren Gedichten" Mor. *Hartmann's* (Leipzig 1847) findet man gleichfalls treffliche Paraphrasen der K. H.; in welchem Jahre auch *Pertz* selbst seine Stimme *für* die K. H., aber zugleich *gegen* die Gr. H. abgab. Archiv der Gesell. für ältere deutsche Geschichtskunde, 9. B. B. S. 465). In eben demselben Jahre feierte man gemütlich die 30jährige Auffindungsfeier in Königinhof, wie dies *Brdička's* Věneček uvit 16. září 1847 kundtut. Nach Pertz entschied sich auch *Wattenbach* in Deutschlands Geschichtsquellen im Mittelalter (S. 447). Im Musejník 1849 gab V. V. *Tomek* historische Erläuterungen zu einzelnen Teilen der K. H. In ihrem Histor. view gibt die begabte Schriftstellerin *Talvj* (v. Jakob) ihre Meinung über beide Handschriften ab, eingehender aber A. H. *Vratislav*, ein Nachkomme vertriebener böhm. Familien, sowohl in seiner *Lyra* 1849, als im *Patriotism* 1852, und endlich in der ganzen Herausgabe des Queen's court manuscr. (1852 in Cambridge).

Jahr 1852.

Dies Jahr macht in der Geschichte der K. H. Epoche, da in demselben V. *Nebeský* im Musejník (III. S. 125, IV. 129. 1853. I. 116. II. 335.) seinen referirenden und kritisirenden Aufsatz: Královodvorský rukopis erscheinen liess, den er 1853 beendigte. Er enthält in der Tat die ganze Geschichte nicht nur der K. H. sondern auch des Grünberger Manuscriptes in ein literaturhistorisches

Bild zusammengefasst und bietet mit Ausnahme einiger Längen bis auf unsere Tage neben den Schriften Šafařik's das beste, was über beide Handschriften geschrieben wurde. In dems. Jahre hielt *Tomek* am 3. Feb. in d. gel. G. einen Vortrag über Záboj, worin er das darin genannte, sonst unbekannte Factum in d. erste Hälfte des 8. Jhhr. u. zw. etwa 728—748 setzt, stat ins 9. Jhr. wie gewöhnlich (Act. 7 B. S. 45. 46.). Der Streit über die Handschriften schien aufgehört zu haben, so wie zugleich der naive Genuss an dem Besitze der herrlichen Denkmale, denen wol kein modern europäisches Volk etwas ähnliches an die Seite setzen kann, gesichert schien. Dies zeigt die Analyse vom „Záboj" in der Koleda, 1854. S. 88. dann von „Záboj" und „Jaroslav" durch *Vocel* im Musejn. 1854. S. 410. Act. Bd. IX. 1855. S. 41.

Jahr 1857.

Aber *Feifalik* bereitete schon in den Sitzungsberichten der Wien. Acad. einen geschärften Angriff vor. Auch als V. *Koyt* in dem Znaymer Gymn. Progr. die K. H. in deren Verhältnisse zur Liter. Gesch. besprach, griff dasselbe *Feifalik* 1858 im 5. B. S. 420 der „Gymn. Zeitschr." an.

Jahr 1858 und 1859.

Wärend im Wiener „Světozor" mit dem im J. 1858 die interessanten *Studien* über die K. H. durch *Jireček* begannen, um auch in den folgenden Jahren fortgesetzt zu werden, erscholl in Prag ein gar arger Misston. Denn es gab ein *Anonymus* in der Prager politischen Zeitung: *Tagesbote* aus Böhmen einen Aufsatz unter dem Titel heraus: *Handschriftliche Lügen* und *palaeographische Wahrheiten*, der in den Nummern 276, 285, 289 die Gr. H., dann in der Nummer 299 die K. H. und die wirklich gefälschten Lieder heftig angriff. Nicht nur die Sache sondern auch die Person *Hanka's* wurde verdächtig gemacht. Hanka in seiner bürgerlichen Ehre sich mit Recht gekränkt fühlend, und im Privatwege indess zu wichtigen Auffindungsnachrichten gekommen, klagte *gerichtlich*, und so hatten die Böhmen das seltene Schauspiel, dass auch die Gerichtshöfe für die altertümlichen Handschriften, namentlich aber für die K. H. wirksam eintraten und den Gegnern ihr Unrecht juridisch beweisen mussten. Während nun die Gerichte in voller Tätigkeit waren, versäumten die böhm. Literaten nicht vom wissenschaftlichen Standpunkte dem Anonymus einerseits seine Seichtigkeit der Beurteilung, andererseits aber die Nichtigkeit seiner sittlich unberechtigten Verdächtigung öffentlich nachzuweisen.

Den Reihen führte *Palacký* an, der seine Verteidigung in die vielgelesene Zeitschrift *Bohemia* und zwar seitens der Gr. H. in den Nummern 288, 289, seitens der K. H. aber in der Nummer 292 übergab. Die Worte, welche Palacký der Unbehelfenheit Hanka's sagen musste, waren allerdings nur wenig milder, als es die

62

Worte waren, welche schon im J. 1851 Fr. *Miklosich* in seiner „Slavischen Bibliothek" (I. 267) gegen die Unwissenschaftlichkeit Hanka's vorbrachte (vgl. auch *kritische* Blätter. Prag. 1858. 2. Jg. Nr. 12. S. 291. 292. Nr. 17. S. 89. Nr. 21. S. 188), allein seitens der *Auffindung* der K. und Gr. II. stand Hanka ganz rein da.

Der schon genannte *Světozor* bewies im Frühjahre 1858 (Nr. 8, S. 61), wie der Wortschatz der K. H. sich in der Alexandreis fortsetzte eben so wie er an der Neige des Jahres 1858 (December) nachwies, wie die Alterthümlichkeit der Rechtsanschauungen im Libušin soud selbst schon für seine Echtheit sprechen.

Professor Martin *Hattala*, die erste Autorität wissenschaftlicher Slavistik in Böhmen, ein Slovene (siehe desen Biographie in von *Wurzbach's* biograph. Lexicon, welche dessen Controversen ausführlich berührt), schrieb zur Verteidigung beider Handschriften mehrere gediegene Artikel, z. B. in die „Prager Morgenpost" und zwar in den Nummern 317. 318. 325. 335. vom J. 1858 natürlich zumeist linguistischer Natur, worauf nach einer Sitzung in der kön. böhm. Gesellschaft der Wissenschaften am 3. Jänner 1859 seine Verteidigung der Gr. H. von poetischer Seite in derselben „Prager Morgenpost" (Nr. 8 und 9) erschien. Doch dies alles war zur Orientirung des grösseren Publicums bestimmt. Die eigentliche wissenschaftliche und zwar schlagende *Obrana* d. i. Verteidigung Hattala's erfolgte im Musejník 1858. S. 600 und 1859. S. 326. 1860. S. 59 und 313—321.

Auch im Světozor wurde, wie gesagt, 1858 die Gr. u. K. H. eingehend besprochen St. 177. 185., worauf H. Jireček's klassische Studien darüber 1858 S. 43—185 folgten.

K. J. *Erben* gab im Lumír 1859. S. 423 die Erklärung schwieriger Stellen d. K. H. (šípáše).

In demselben Jahre veröffentlichte *Nebeský* im *Mus.* seine *nova acta ve při.* 1859. S. 198 397.

Ein Jahr zuvor gab *Ida v. Düringsfeld* „le manuscrit de Königinhof" französ. in Brüssel 1858 heraus, in demselben Jahre als *Reinberg's* literature Tchéque ebendaselbst erschien.

Doch auch die *Gegner* waren nicht untätig. M. *Büdinger* griff nämlich in der histor. Zeitung von Sybel's im J. 1859 (I. B. S. 127), in demselben Jahre also, in welchem Siegfried *Kapper's* gewandte Uibersetzung der Handschriften in Prag erschien, „die *Königinhofer Handschrift und ihre Schwestern*" heftig an, und ward darob sowol von der officiellen *Wiener* Zeitung (1859. Nr. 23), als von der officiösen *Augsburger* Allgemeinen (16. April) unterstützt und laut gepriesen. Das führte denn Fr. *Palacký* noch einmal rüstig auf den Kampfplatz und zwar in v. Sybel's genannter Zeitschrift, wie der Aufsatz unter dem Titel: „die altböhmischen Handschriften und ihre Kritik" 1859. III. S. 89—111) beweisen. *Büdinger* wehrte sich aber nicht blos in der „Entgegnung (ibid. S. 112—117), sondern auch in einer eigenen Vertcidigungsschrift „die K. H. und ihr neuester Vertheidiger," die in demselben Jahre 1859 in Wien erschien.

Denn auch die *Verteidiger* der Handschriften mehrten sich. So trat V. *Nebeský* in der Sitzung der böhm. Gesellschaft am 20. Juni 1859 (Sitzungsber. S. 41.) für die K. H. namentlich seitens des Gedichtes: über die Vertreibung der Polen aus Prag auf, welchen Aufsatz der Musejník (1859. S. 198—235) brachte. Max *Krupský* gab im Böhm.-Leipaer Gym. Progr. 1859 den „Rozbor Jaroslava" d. i. die Analyse des Gedichtes Jaroslav heraus.

Auch ein *Anonymus* (man nannte in Prag Baron *Helfert* als Autor) liess in Prag eine Broschüre erscheinen, „Max Büdinger und die Königinhofer Geschwister", welche auf humoristische Weise einige schielende Schlüsse der Büdingerschen Einwürfe hervorhob.

Der *Světozor* brachte ebenfalls (1859. S. 237—239) einen Aufsatz gegen Büdinger. *Hattala* hielt im J. 1860 in der kön. böhm. Gesellschaft am 9. Jänner, 6. Feber, 2. April Vorträge gegen Büdinger, die dann zur genannten Obrana verarbeitet wurden (Sitz. Ber. S. 14. 28. 74), ja selbst der grosse *Šafařík* vertheidigte in der Sitzung vom 19. December 1859 (S. 90), in der letzten Sitzung vor seiner gefärlichen Erkrankung, die Grünberger Handschrift, indem er das altgermanische, sonderbarerweise in den Einzelnheiten noch so wenig durchforschte Erbrecht in originelle Untersuchung zog. Damals fand *Büdinger* eine Unterstützung nur an E. J. *Schwammel*, der die Erzählung der K. H. von dem Mongoleneinfalle angriff (Sitzungsberichte der kais. Academie in Wien. 1860. 33. Band. 1. H. S. 179—218). Siehe darüber *Jireček*: Echtheit der K. H. S. 161. K. J. *Erben* begann eine illustrirte Prachtausgabe der K. H. bei Bellmann 1860, welche jedoch bald eingieng.

Zum Teile behufs des Processes gegen den Anonymus, zum Teile um selbstständige äussere Mittel gegen die Angriffe zu gewinnen, fing man an, die Aussagen von Augen- und Ohrenzeugen der Auffindung der K. und Gr. H. zu sammeln, die noch im J. 1859. V. V. *Tomek* im Musejník (S. 28 und 102) chronologisch geordnet abdrucken liess, ebenso auch 1859 im Lumír (Zeugniss des Jos. Kolář) S. 135.

Alle diese „*Zeugnisse* der Auffindung der Gr. H." übersetzte ebenfalls noch in demselben Jahre J. Malý ins Deutsche, wozu man auch den genannten Aufsatz V. *Nebeský's*: Neue Acta bei dem Processe über die K. H." im Musejník 1859. S. 397—406 zu zählen hat.

In späteren Jahren traten zum Uiberflusse noch zwei Zeugen auf, und zwar im J. 1863 Franz *Petera*, der in der Prager Zeitschrift „Beseda" das Zeugniss *Alizar's* veröffentlichte, das da nachwies, dass zu Ende des vorigen Jahrhundertes noch alle drei Bändchen der K. H. vorhanden waren, deren kleinen Rest im J. 1817 *Hanka* dort auffand.

Das zweite Zeugniss gab erst im J. 1864 Dr. *Legis Glück-selig* durch den Aufsatz ab: „Die K. H. Offenes Sendschreiben zur endgiltigen Lösung der Echtheitsfrage," welcher in der Wiener-Oesterreichischen Zeitung (26. 27. 29. und 30. Novemb. N. 276—279) erschien. Er nennt sich darin den „letzten *lebenden Gedenk-mann*" (Glückselig ist 1806 in Prag geboren und starb im Jänner 1867) der Begebenheiten und war selbst dabei, als Hanka die eben aufgefundene Handschrift noch im J. 1817 dem Altmeister Dobrov-ský vorlegte. Er nennt sie „ein *ausschliessendes* Product des čechi-schen Nationalgeistes, woran die Deutschen nur durch den Schimpf beteiligt sind, der ihnen darin gezollt wird." Sonderbarerweise und inconsequenterweise wirft jedoch Dr. Glückselig doch noch schie-lende Blicke gegen die Gr. H. Viele hielten ihn einst für den Ano-nymus selbst, der im „Tagesboten" auftrat, für den jedoch der Re-dakteur, sich mit ihm identificirend, einstund.

Jahr 1860.

Doch es sollte nochmals zu einem letzten, aber entscheiden-dem Kampfe kommen. Den bisherigen Angreifern von deutscher Seite hatte man nämlich Unkunde im *Slavischen* im allgemeinen und im *Böhmischen* insbesondere vorgeworfen, als dass sie für würdig und fähig sollten gehalten werden, als Kämpfer gegen Handschriften aufzutreten, deren Sprache sie nicht verstunden.

Das war denn nur bei *Julius Feifalík* aus Brünn nicht der Fall. Dieser hatte nämlich nicht nur in der böhm. Literaturge-schichte schon bedeutendes geleistet, sondern es war ihm auch ge-lungen, das „*Wenzelslied*" als ein gefälschtes nachzuweisen. Da nun seit Hanka's Vorgang im J. 1829 unter die echten Perlen der K. H. auch die unechten der gefälschten Lieder gemengt worden waren: so schloss Feifalík, dass auch die Perlen gefälscht seien. Darin liegt der Grundirrtum der Schrift: „Uiber die K. H." Wien. 1860, der schwächsten Schrift Feifalík's.

Jahr 1861.

Inzwischen hatte M. *Hattala* im populären Tone in den *Ná-rodní noviny* im 1. Semester die Haltlosigkeit aller bisherigen An-griffe an den Tag gelegt, nachdem er ein Jahr zuvor im Musejník S. 313 durch den Aufsatz: über enclitisches *š* und *ť*, die Echtheit der K. H. dargetan: in demselben J. 1860, in welchem Jos. *Jireček* in den Rozpravy ruhig die Ausdrücke der Gr. H. „ot, oten und Tetva" auseinandersetzte. In der Prager Zeitschrift Právník setzte Dr. *Slaviček* (S. 70) die Spuren slavisch heidnischer Ordalien in der Gr. Handschrift auseinander.

Jahr 1862.

In diesem Jahre erschien der Gebrüder *Jireček* Schrift: Die Echtheit der K. H. in Wien, welche von Grund aus die Einwürfe

Feifalik's gegen dieselbe widerlegte. Sie nimmt auch auf Einwürfe Anderer Rücksicht, z. B. auf Büdinger's und Schwammel's Einwürfe, belehrt jedoch dabei zugleich, so dass sie als literarisches Magazin dieses Schriftentumscyclus angesehen werden kann und eindringlicher wirkte, als Dr. *Krět's* etwas matte aesthetische Analyse der K. H., die im J. 1861 in Prag erschien. Den reichhaltigen Umfang der Schrift der Jireček's setzte auch *Vocel* den böhmischen Lesern im Musejník 1863 auseinander (S. 100 115).

In demselben Musejník war im J. 1862 mehr als eine Probe der K. H. ins *Finnische* durch Dr. A. E. *Ahlquist* (S. 275. 312) erschienen, in demselben Jahre, als auch Dr. K. *Collan's* Proben schwedischer Uibersetzung darin erschienen.

Jahr 1863.

An die Seite der Gegner der K. H. und Gr. H. trat nun auch sogar noch *Wattenbach* auf und zwar in Sybel's histor. Zeitschrift (III. S. 172—175), welcher die Widerlegungen der Gebrüder Jireček nur „*Scheingefechte*" nennt, dass Festhalten an der G. H. dazu noch „*blindem Eifer*" zuschreibt, welcher der „*besser fabricirten*" K. H. nur schaden kann, denn jenes *Machwerk* (die Gr. H) sei dem Inhalte nach so unmöglich und palaeographisch so stümperhaft, dass nur arge Befangenheit und die leider nun einmal dabei compromittirten Namen es erklären können, dass man diesen verlorenen Posten nicht lieber gleichfalls aufgibt" (S. 174). Solche Worte würde noch die Unkenntniss im Altböhmischen einigermassen entschuldigen, allein wenn Wattenbach einen neuen Grund gegen die K. H. in den *Initialen* derselben finden will „die allein zur palaeographischen Verdammung hinreichen, da sie den Charakter einer *spätern* Zeit an sich tragen, als diejenige ist, welcher die Minuskel des Textes nachgeahmt ist" (S. 175) — dann sieht man deutlich, wie nur Vergesslichkeit einen Mann, wie Wattenbach, so reden lassen kann; denn gerade die Initialen sind der noch runden, heidnischen Antiqua entnommen, während die Minuskeln der gebrochenen oder Mönchsantiqua sich etwas nähern.

Solchen palaeographischen Beschuldigungen machte am besten Bibliothekar *Vrťátko* im J. 1862 dadurch ein Ende, dass er durch H. Staatsanwalt *Rokos* eine *photographische* Abbildung der gesammten K. H. verfertigen liess und auf der Grundlage derselben eine genaue Beschreibung der Handschrift herausgab. In derselben zählt er alle die Misshandlungen auf, die an der Handschrift selbst im Altertume schon, wie er meint, in der Neuzeit aber, wie uns bedünken will, verübt wurden, als da sind: Uiberstreichungen verblasster Züge, Radirungen einzelner Buchstaben, um teils die alte Orthographie, teils einige alte Accusative angeblich zu bessern, kindische Uibermalung und Vergoldung mancher beschädigten Uncialen und ungeschickte Einzeichnung plumper Arabesken in leer gebliebene kleine Räume der Handschrift u. dgl. Zugleich machte aber Vrťátko auf die Hauptsache aufmerksam, dass die gut ausgeführte Photographie manche Schriftzüge so hervortreten liess, dass dadurch erst nun bessere Lesearten erzielt werden konnten.

Eben so aufrichtig beschrieb im J. 1863 V. *Nebeský* im Naučný slovník (4. Band S. 941—951) die K. H., wodurch beide den besten Beweis dafür lieferten, dass der böse Zufall die Entdeckung der K. H. in die unrechten Hände gespielt hatte. — Dasselbe Jahr brachte noch die Zeitschrift *Beseda* in Prag Beiträge zur Geschichte der K. H. von F. *Petera* (S. 49) und Proben einer *altgriechischen* Uibersetzung durch J. *Saska* im Musejník S. 217. Früher gab auch schon *Riedel* Proben magyarischer Uibersetzung.

<h3 style="text-align:center">Jahr 1865.</h3>

Anfangs dieses Jahres kam die 18. Ausgabe der K. H. heraus, noch ganz in der Form, wie sie einst *Hanka* herauszugeben pflegte, während zugleich Jos. *Kořínek* in Neuhaus eine mit Anmerkungen, zumeist linguistischer Art, verschene Schulausgabe der Gr. u. K. H. veranstaltete, die an scientifischer Formung alle Hanka'schen Ausgaben weit hinter sich liess.

Im demselben Jahre (verspätet, sohin noch unter der Jahreszahl 1864) erschien im Musejník und dann auch in den Sebrané spisy (1864. III.) *Šafařík's* letzte Vorlesung über die Gr. H. unter dem Titel : Výměsky o dědičném právě v Čechách, welche er schon im Jahre 1859 in der kön. böhm. G. d. W. vortrug (19. Dezemb.). Es sind wie gesagt Betrachtungen und Forschungen über das böhmische und deutsche *Erbrecht,* wie es die Gr. H. in deren gegensätzlicher Verschiedenheit hinstellt. Schade, dass es dem greisen und kranken Šafařík nicht mehr vergönnt war, wenigstens noch diese letzte Arbeit vollenden zu können. Auch für deutsches Recht waren Beiträge seltener, ja oft einziger Art im Vortrage Šafařík's angedeutet.

Die Zeitschrift *Květy* meldete in ihrer Nr. 3 im J. 1865. dass die Umělecká beseda d. i. der Künstler- und Literaten-Verein in Prag eine *Polyglotten-Ausgabe* der K. H. vorbereite, um das 50jähr. Jubiläum der Handschrift würdig zu begehen (S. 34). — Der Prager *Lumír* brachte Beitr. zum Streite über die Echtheit der K. H. (S. 15), während die wissenschaftliche Zeitschrift *Krok* das ausführliche Urteil über *Kořínek's* Ausgabe durch Dr. *Jedlička* brachte.

Gegen Ende des Jahres d. i. am 30. October hielt H. *Komárek* in der kön. böhm. Gesell. d. W. zu Prag einen Vortrag über die *Verfasser* und den *Sammler* der K. H., welcher auch interessante Beiträge zur Datirung der Entstehungszeit der einzelnen Gedichte brachte (Sitz.-Ber. 1865. 2. Heft S. 40).

<h3 style="text-align:center">Jahr 1866.</h3>

In Paris erschien in diesem Jahre eine neue Uibersetzung unserer Handschriften durch Louis *Leger* u. d. T. Chants heroïques

et chansons populaires de Slaves de Bohéme. — Die Beurteilung
dieser Schrift siehe in d. Revue critique d'histoire et de litterature. Paris,
1866. N. 46. 17. November von G. Paris, welcher zugleich eine
kurze Geschichte der Auffindung beider Handschriften und der ihr
parallel laufenden Fälschungen gibt. Derselbe L. *Leger* gab im J.
1867 auch den Dalimil in Paris heraus.

In demselben Jahre wurde auch der Musealbibliothekar *Er-*
tátko für die überreichte photographirte Ausgabe der K. H. durch
den Kaiser von Oesterreich *Franz Josef* nach dessen Besuche in
Prag mit einer goldenen Medaille ausgezeichnet.

Jahr 1867.

Hermenegild *Jireček*, der Gründer böhm. slavischer Rechtsge-
schichte, gab in seinem Codex juris bohemici (Pragae) auch die
Gr. H. als die *älteste Quelle* böhmischer Rechtsgebräuche heraus.
nachdem alle seine früheren jurid. Schriften und Studien Erklärungen darüber geliefert hatten.

Am 11. März wurde in der böhm. Ges. d. W. ein Vortrag
über die K. H. gehalten, welcher die Fortsetzung war von dem
Vortrag über die Gr. H. im J. 1866, 14. Mai, beiden lag der Inhalt gegenwärtiger Monographie zu Grunde, teils um auf die bevor-
stehende Jubiläumsfeier beider Handschriften aufmerksam zu machen, teils um noch durch Kritik der versammelten Mitglieder der
Gesellschaft die letzte Feile an diese Monographie anzulegen.

Endlich forderte Prof. Martin *Hattala* in seinem Werke : de
contiguarum consonantium mutatione in linguis Slavicis (Pragae,
1865, erschien jedoch erst Juni 1867) alle Slavisten auf, etwaigen
Bedenken gegen die beiden Handschriften öffentlich Ausdruck zu
geben, um den Sieg ihrer Echtheit vor der ganzen Welt feiern
zu können. Auch erschienen zur Feier die Dějiny Kr. Dvora.

23. Aeussere Geschichte und Beschreibung der Kgl. Handschrift.

In der Mitte des vorigen Jahrhundertes lebte zu Königinhof, das
einst wol *Chvojnov*, dann *Dvůr* genannt, der ehemalige Landsitz der *Pře-*
mysliden war, ein alter Kaplan in Pension, der unter anderen alten Büchern auch drei Bändchen altböhm. Poesien auf Pergamen, klein 8⁰ und
nett geschrieben, immerfort vor sich auf seinem Schreibpulte stehen hatte.
Nach seinem Tode wurden dieselben mit seinen andern alten Büchern
in das untere Gewölbe des Kirchturmes gebracht, wo man verschiedene
Kirchenparamente und Altertümer aufzubewahren pflegte. Dort verbrauchte
zwei Bändchen Pergamen, der *Sage* nach, der Kirchendiener zumeist
zum Befestigen der Kerzen in den Kirchenleuchtern, bis ein geringer Rest
des 3. Bändchens hinter einen Schrank verworfen wurde, wo er bis zum

16. Semptember 1817 sich erhielt, an welchem Tage ihn dort eben V.
Hanka (geb. 1791 † 12. Jänner 1861) auffand (Beseda 1863. N. 7.).
Die früheste Nachricht davon gab Hanka öffentlich erst am 1. Feb.
1818 im 2. Teile seiner „*Starobylá* skladanie“ (S. VI. VII.) heraus,
indem er dort sagt: „Auch mir gelang es im Herbste zu Königinhof oberhalb der Elbe die schätzbare älteste Handschrift dem Staube und den
Motten zu entreissen. Ich werde dieselbe nächstens prächtig (ozdobně)
herausgeben.“

Hanka's weitere Behauptung (Nebeský, musejn. 1852. III. S. 149),
auch auf den im Kirchengewölbe aufgefundenen *Pfeilen* wären *Streifen*
der K. H. als Pfeilflügeln befestigt gewesen, ist gewiss ein lapsus memo-
riae, denn einerseits hätte selbst ein Hauka nicht Teile der K. H. ver-
schenkt (angeblich an den Fürsten Rud. Kinský), da er die beiden *Streifen* so sorgsam aufbewahrte, andererseits wären „husitische“ Pfeile längst
abgeschossen worden und nicht mit ihren Pergamenflügeln *neben* der K.
H. liegen geblieben. Woher sah man es auch den Pfeilen an, dass sie
insbesondere „*husitische*“ Pfeile waren?

Einige nähere Umstände des in Wahrheit und-Dichtung durch Hanka
nicht ganz aufgehellten Fundes machte am 11. April 1818 *Linda*, der
Redakteur der k. k. böhm. privilegirten Zeitung bekannt. Er nennt die
Handschrift „12 Pergamenblätter, das Bruchstück (odtržek) irgend eines
Buches, worauf zur grossen Verwunderung *böhmisch* und zwar mit grosser Vorzüglichkeit geschrieben ist (a to veliká výbornost psána).“ „Der
Finder, schliesst *Linda*, gedenkt dies Uiberbleibsel durch den Druck bekannt zu machen und es mit einer russischen und deutschen Uibersetzung
zu versehen. Indess ist er gerne bereit, dies Altertum allen Patrioten zu
zeigen, die es zu sehen begierig wären.“ Die Herausgabe erfolgte auch,
nach dem Vorworte zu schliessen, in demselben Jahre am 16. September
1818, also gerade *ein* Jahr nach der Entdeckung, obschon das Titelblatt
der editio princeps die Jahreszahl 1819 mit dem irrigen Titel zeigt:
eine Sammlung lyrisch-epischer *National-Gesänge*. Man hielt nämlich
damals und lange noch hin die Poesieen naiv genug für Volkslieder.

Von *Notenzeichen*, welche wir in der Gr. II. wol aufgefunden hatten, ist in der K. H. keine Spur. Der Schrift nach gehören die Reste
entweder in das Ende des 13 oder in den Anfang des 14. Jhrb. Es ist
dies eine späte Abschrift und Sammlung altböhmischer Poesien verschie-
dener Autoren, verschieden in der Altertümlichkeit der Sprache und verschieden in der poetischen und natürlichen Weltauffassung. Ein Teil gehört noch dem Heidentume, ein anderer Teil aber dem Christentume an,
obschon *kein* Gedicht davon, wenigstens der *Form* nach oder nach einzelnen Momenten, den Einfluss des Heidentumes verläugnet.

Als eine *absichtliche* Sammlung und Sichtung von Gedichten kündi-
get sie sich schon durch die *Rubriken* an: z. B. „Počina sie kapitule
šestmezcietma třetiech knih o pobiti sasikov“ (es beginnt das 26. Kapitel der dritten Bücher: von der Niederlage der Sachsen). Gold und far-
big verzierte Buchstaben gibt es im Ganzen auf den 12 Octavblättern
nur 7, doch kommen im Contexte noch 45 minirte Majuskeln vor, welche

teils die einzelnen Abschnitte der grösseren Gedichte, teils aber die An-
fänge der lyrischen Gesänge andeuten.

Die *Gesänge* selbst führen die Aufschrift: počina sie kapitule osm
mezcietma třietiech knih, o *piesniech*, es beginnt das 28. Kap. von den
Gesängen. Dazu wird aber auch *Zbyhoň* ein episches Gedicht gezählt,
so dass unter *piesen*, Gesang, wol alles gezählt wurde, wovon eine Melodie bekannt war. Doch davon noch unten.

Die Aufeinanderfolge der Gedichte ist folgende: 1. Blatt o vyhnání
Polanů. 1. Bl. v. 26. Kap. o pobití *Sasíkov*. 2. Bl. o velkých bojech
Křestan s Tatary. 5. Bl. v. o vicestvi nad *Vlaslavem*. 7. B. v. o slavném *sedání*. 8. Bl. v. o *relikém pobití*. Bl. 10. v. 28. *Kap.* o *písních*,
acht Lieder mit dem Anfange eines 9. zakrakocie v hradie vr(ána); es
krächzte in der Burg (eine Krähe).

Herr *Komárek* bestimmte in der philologischen Sitzung der k. b.
G. d. W. am 30. Oct. 1865 die Verfassungszeit der Gedichte, wie folgt:
Záboj um 806, *Čestmír* um 830, *Jelen* im 9 Jhrh., *Oldřich* um 1004,
Zbyhoň zwischen dem 11. und 12. Jhrh., *Beneš*, 1203, *Jaroslav*, nach
1261 oder 1264, *Ludiše* 1270—80. Die kleinern, sogenannt lyrischen
Gedichte sollen nicht über das 12. Jhrh. reichen, *Jahody, Rože, Skři*
vánek und die *Opuśćena* gehören dem 13. Jhrh. Wenn wir nun auch
diese zu concreten Datirungen zu beweisen uns *nicht* getrauen würden,
so ist doch aus ihnen schon ersichtlich, dass in der wirklichen Sammlung
diese Poesieen *nicht* nach ihrer Altertümlichkeit geordnet sind, ja es ist,
weil man nicht einmal weiss, ob in den beiden zu Grunde gegangenen
Büchern lauter Poesien und nicht etwa auch Prosa vorhanden war, überhaupt das Princip nicht recht aufzufinden, wornach die Sammlung entstund.

Die *Orthographie* ist in den Fragmenten schon sehr complicirt und
ruht bereits auf dem *germanisch*-latein. Alphabete, da z. B. das *w* oft
ganz unorganisch neben *v* und *u* gebraucht wird. Die böhmischen Aspi-
raten oder späteren Sibillanten werden zumeist durch Buchstabencombina-
tionen wiedergegeben, z. B. cz-č, rs, rz-ř, d. i ursprünglich cj, cь, rj
oder rь. Sie bleiben jedoch auch öfters ganz unbezeichnet, was auf Abschriften aus *älteren* Manuskripten mit einfachen Alphabeten und nicht
auf die Aufnahme aus dem Volkmunde deutet. So sind auch die Laute
ś und ź, die zur Zeit der Abschrift wol noch den mildern Ton von ś
und ź (sь, zь) gehabt haben mögen, ganz unbezeichnet geblieben, sohin
von *s* und *z* schriftlich noch nicht unterschieden. Die manchmal vor-
kommende Dopplung des *r* deutet auf den ehemal geltenden Unterschied
eines langen und kurzen Halbvocales *r* und *l*. Abkürzungen kommen nur
selten vor, wie überhaupt in allen *alten* böhmischen Handschriften und
weisen solche diplomatischen Eigentümlichkeiten vor, dass man auch da
noch von einer böhmischen Schreib*schule* mit vollem Rechte sprechen
muss. Doch war der, zwar genug geübte Schreiber der Handschrift doch
kein Schreiber von Profession, wie es die Ungleichheit der Schrift und
die mannigfachen Schreibfehler dartun. Die *Correcturen* mancher Geni-
tive und Accusative fallen wie gesagt wol dem Auffinder zur Last. Eine
genaue Darlegung der Schreib*weise* gibt *Nebeský* im Mus. 1852. III. S.

171—174. Facsimilia gab *Hanka* in jeder seiner Ausgaben, die besten sind natürlich die photographirten *Vrťátko's*. Gut gelungen ist auch die Lithographie, welche I. L. *Kober* in die Kronika práce (5. Heft 1866) einrücken liess.

Ganz getreu und genau ist noch keine Uibersetzung, weder eine *slavische* noch eine deutsche und wird es wol auch nie werden: einerseits der *innern* Schwierigkeiten wegen: altböhmische ganz eigentümliche Gedanken- und Sprachwendungen in einer *modernen* Sprache wiederzugeben, deren Lexicon und Sprachlehre so verschieden von der altböhmischen ist: anderseits bezugs älterer Uibersetzungen auch des *äussern* Umstandes halber, weil einerseits erst in der neuesten Zeit die vorgerückten Sprachstudien und die photographirte Ausgabe neue, bessere Lesearten an den Tag gebracht haben, andererseits man aber noch vom Vorurteile abhieng, geverstes oder gar gereimtes sei besser als sogenannte prosaische Uibersetzungen.

Offen zu warnen ist jedoch vor der teilweisen Uibersetzung Julius *Feifalík's* in seiner polemischen Schrift, nicht so sehr darum, dass er des Slavischen nicht völlig Meister gewesen, sondern seiner *Absichtlichkeit* halber, die Anmut der böhm. Diction ins gemeine deutsche herabzuziehen. Er selbst sagt wol: „Ich ziehe dort, wo ich eine Uibersetzung beizufügen für nötig hatte, prosaische und *wörtliche* vor (S. 18).“ Allein in der Tat gieng er anders vor. Vergleichen wir nur. Der Text sagt z. B. „wo ist meine Mutter, die gute Mutter! *junges Gras* (trávka) wächst über ihr,“ um anzudeuten, dass der Schmerz noch frisch, sohin auch tief sei. Feifalík übersetzte jedoch ganz derb: „auf ihr wächst das *Gras*.“ — Der Text sagt: „Bruder und Schwester hatt' ich nie und den *Jüngling* (junošu) nahm man mir weg.“ Fejfalík übersetzt: „den *Burschen* haben sie mir genommen.“ — Der Text lässt das Mädchen (děva) dem Geliebten durch die *Lerche* einen Gruss überbringen, weil sie *kein* Briefchen schreiben könne: Feifalík erklärt dies aber wie folgt: „diese schreibende Gänsekiel führende *Bauerndirne* des 13. Jhbr. allein würde, denke ich, genügen, die K. H. in den Augen der Klardenkenden zu Grunde zu richten“ (S. 21). *Děva*. Maid, eine so edle Wortform, die man von der Jungfrau Maria gebraucht, und *perce*, Federchen ist also „*wörtlich*“ Bauerndirne und *Gänsekiel!* — „Po *púti* všej z Vesny po Moranu,“ d. i. auf dem ganzen *Wege* von der Vesna bis zur Morana, übersetzt Feifalík: „auf ihrer *Wallfahrt* von der Vesna nach der Morana,“ da doch pút, Weg, hier Lebensweg bedeutet und derselben indoeuropäischen Wurzel ist, wie das Deutsche Pfad (S. 33). Er verwandelt sohin den heidnischen Lebensweg von der Geburtsgöttin zur Totengöttin in eine christliche „Wallfahrt.“ — „Diva tura“ übersetzt F. „wilder Ochs,“ da tur nur Ur oder Auerochs bedeutet (S. 53.). - „*Krahuje*“ d. i. die geheiligten oder mythischen Sperber oder Falken in den Hainen verwandelt Feifalík in einfache „Krähen“ (S. 39) u. dgl.

24. Uiber das Wesen und die innere Einrichtung der Königinhofer Sammlung.

Wie die Grünb. H. so ist auch die K. H. noch Gegenstand fortgesetzter *Studien* der Zukunft und erst eine wahre *kritische* Ausgabe derselben wird alle die Schwierigkeiten aufdecken, welche im Inhalte und der Form der Sammlung liegen.

Dass im *äussern Baue* der Gedichte ein auffallender Unterschied bestehe ist augenscheinlich, so dass man dieselben von der Stufe völliger Verslosigkeit bis zur Stufe zergliederten Strophenbaues, und von der Stufe mythischer Altertümlichkeit bis zur Stufe naiver Gemütlichkeit gruppiren kann. Allein tiefer gefasst bleibt auch hier wie bei der Gr. H. die Frage über das *Metrum* erst der Zukunft zu beantworten übrig, da die Beantwortung Entscheidungen voraussetzt die keineswegs leicht und schon von der Gegenwart angebahnt sind.

Eine solche Schwierigkeit bietet die Frage, in welchem *Grade der Unveränderlichkeit* die K. H. uns überliefert wurde. Solcher Geistesproducte entstehen nämlich und circuliren immer viele, ja verschiedenartige Copien und wir haben doch seitens der ältesten Gedichte darin nur eine sehr späte Abschrift von wer weis wie viel älteren Abschriften. Es scheinen hie und da nicht bloss Worte, sondern ganze Sätze zu fehlen : sind wir jedoch nicht aller Sylben, Worte und Sätze gewiss, dann können wir es auch gewiss nicht in Bezug auf das Metrum sein.

Eine *andere* solcher schwierigen Fragen ist die, ob das altböhmische denselben *Accent* und dieselben *Längen* und *Kürzen* hatte, wie das neuböhmische. Die altbulgarische Sprache der Bekehrer hatte sicher auch auf den Accent und die Längen der böhmischen Sprache, sohin auch auf die abschreibenden Christen seinen Einfluss ausgeübt. Wer bürgt dafür, dass Quantität und Qualität der Sylben beim Versemachen bekannt und ob das Versemachen überhaupt den Heiden bekannt war. Wir können das altböhm. Metrum nur höchstens aus einigen kirchlichen Poesien studiren, haben aber durchaus kein Recht, daraus einen Schluss auf vorchristliche Poesien zu tun.

Eine *dritte* Frage ruht darin, ob in dem Metrum der K. H. noch kein Einfluss *griechischer* und *römischer* Studien der letzten Abschreiber wahrzunehmen ist — wenn wir auch nicht minutiös so tief gehen wollen, zu fragen, ob zu den Zeiten der Markomannen nicht an einzelnen Puncten von Böhmen römische Metrik bekannt gewesen war. Auch die slavische Liturgie selbst, so wie das lateinischgermanische Christentum konnten wie schon gesagt in den letzten dreihundert Jahren vor der letzten Abschrift der K. H. auf die Umarbeitung schon vorhandener und die Schaffung neuer böhmischer Gedichte seitens des Metrums vom Einflusse gewesen sein. Man denke z. B. an das edle Metrum des Liedes : Gospodi pomiluj ny und an den gar verschiedenartigen Bau der Gedichte der K. H. Die Hymnen der griechisch-katholischen Kirche, wie sie sich in den Prager glagolischen Fragmenten kundtun, sind viel einfacher und eines andern Metrums, als die lateinischen oder späteren griechischen Kirchenlieder.

Reime finden sich allerdings und glücklicherweise noch *keine* darin, auch nach unserer innigsten Uiberzeugung keine *Stabreime,* keine *Alliterationen,* sohin kein Einfluss germanischer Metrik. Ob es überhaupt ein altslavisches oder ein altböhm. Metrum im Sinne unserer heutigen Sylbenwägung und Sylbenmessung gegeben, ist wie gesagt unbekannt: da nicht nur *Poesie, Lied,* sondern sogar auch *Sang* recht wol mit ungebundener Rede (in unserm Sinne) bestehen kann (vgl. über Singen und Sagen von K. Lachmann 1833. Act. Band der Berliner Acad.).

Eine *vierte* Frage ruht wiederum darin, wie weit im Altböhmischen der Unterschied zwischen *píseň* (pění) und *zpěv* (zpěvání) d. i. zwischen *Lied* und *Gesang,* blossem Recitativ (carmen recitare) und wirklicher Melodie (cantare) in das böhmische heidnische Altertum zurückreicht. So ist das „pienie" des Záboj gewiss nur ein Recitativ, kein förmlicher Gesang gewesen, wie schon die Analogie der russinischen Dumy und der serbischen pěsme junacké (Mannslieder, Heldenlieder) erfordert. In der Tat ist auch das *Lied* (*pieśń* ide z srdce mcho), was Záboj z. B. in den Worten „dva syny" bis „byvšie blahost" singt, jedes Metrums bar und doch heisst es eben so gut „*pieśň,*" wie die sogenannten lyrischen Gesänge der K. H. nach der Aufschrift: „*o piesniech*", die doch wol schon zpěvy, zpievanie, cantiones, cantilenae sein sollten.

Durch das Näherrücken der Begriffe Recitativ und Gesang, des Sagens und Singens wird jedoch durchaus nicht die *musicalische* Begleitung in Zweifel gezogen, denn auch bei blossem Sagen kann das ohnehin äusserst einfache Instrument, *Varyto* in der Handschrift genannt, *mittönen* oder *nachtönen.* Auch konnte der Vortrag stellenweise zur blossen Rede (zum Sagen), stellenweise aber zum erhabenern Singen werden, welchen Wechsel von *Diction* man eben in den ältesten Liedern der K. H. bemerkt, die bald ruhiger und gemessener, bald feuriger und massloser wird, je nachdem es der Inhalt erheischt. Das schliesst eben jedes *constante Metrum* aus, das hohes und niedriges nivellirt und alles unpoetisch uniformirt. Die echte alte slavische Poesie suchte wol die Schönheit nicht so sehr in äusserlicher Anordnung der Sylben als in dem *Quale der Diction* (Šafařík-Thum. S. 33. — Jireček: Echtheit §. 43. S. 92. und §. 44 S. 94). Je mehr daher manche Gedichte der K. H. ihrer Form nach an europäische Metra mahnen, desto misstrauischer müssen wir gegen ihre Altertümlichkeit und reine Slavicität sein Wie unförmlich sind auch bis auf den gegenwärtigen Augenblick manche böhm. Volkslieder und wie herrlich ist doch ihre Melodie, über deren Altertümlichkeit freilich leider keine Belege vorliegen. — Lassen wir daher die Metrumfrage noch der Zukunft anheimgestellt sein, wie es schon im J. 1836 der Pole Luc. *Siemieński* bei seiner Uibersetzung der K H. (Krakau bei Friedlein) sagte und Fr. L. *Čelakovský* durch die Tat bewies, als er in seinem „Malý výbor" (1851) „Záboj und Slávoj" *ohne* alle Zeilenabteilung abdrucken liess.

Dies gilt jedoch auch teilweise von den *písně* im engeren Sinne. Wir statuiren da eiuerseits mit Recht, dass in altslavischer Poesie jede Verszeile ihren abgeschlossenen Sinn (wenigstens relativ) haben müsse, d. h. dass sie ein kleines poetisches Bild gebe: teilen aber demungeachtet die Zeilen z. B wie folgt ab: ach! ty róže, krásná róže — na zelena borka — z borck vymýtěno — v zeleně borěčě, po tichúnku v borcě — za striebrnú uzdu — nemútilo srdce. Es ist in einem solchen Verfahren offenbar das Bemühen ersichtlich, alles in eine mittelalterliche oder gar moderne Versform hineinzudrängen, was gewiss vom Uibel ist, da man aus dem eigentümlichen Alten lernen, nicht aber es auf dem Procrustesbette martern soll.

Den natürlichen *Versfall*, den jede Sprache hat, wie z. B. die altböhmische Sprache zumeist *trochaeisch*, die neuböhmische *daktylisch*, die *neudeutsche* jambisch ist, vermengen wir mit den Längen und Kürzen, Hebungen und Senkungen, die *wir* allerdings darin hören und gehen über kleine *Unreg lmässigkeiten* durch gemachte *Lück·n*-Annahmen leichthin hinaus, um nur ein beliebtes Versschema in dem Gedichte wiederzufinden, und das· liebe Altertum in den modernen, kindischen Verszeilen*abteilungen* vor uns zu sehen. Dabei bedenken wir gar nicht, in welche Schwierigkeiten wir uns dadurch hineinversetzen. Denn die Fragen: woher rührt eine so kunstgerechte Metrik her, ist sie den Böhmen angelernt und von wem, oder ist sie ein heimisches Erzeugniss und zwar wieder: noch im Heidentume oder schon in christlichen Zeiten heimisch geworden, sind nicht so leicht zu beantworten, namentlich wenn man sie wie gesagt mit der einfachen Metrik alter christlicher Lieder und Legenden und deren verwahrlostem Zustande in späteren Zeiträumen vergleicht. Ja wenn alle die kleineren Lieder erst in das 13. Jahrh. versetzt werden könnten, wie z. B. „Jaroslav", dann wäre eine gekünstelte Metrik eher begreiflich, aber dann wäre sie auch schwerlich ein heidnisches Product der *pěvci*, *pěsnotvorci* (Šafařík, starož edit. princ. S. 194), sondern Nachahmung *romanisch deutscher* Dichtung, wobei wiederum die *Reimlosigkeit* nicht recht begreiflich wäre So aber ist z. B. der *Jelen* offenbar noch heidnisch und so andere kleinere Lieder gleichfalls, die wir mit Unrecht mit dem gemachten Mäntelchen gekünstelter Metrik umgeben. Und da hat z. B. Šafařík vollständig Recht, beim Jelen nur von einem sogenannten orientalischen Rhythmus (Thun, 30), d. h. einer der innern Gedankensymmetrie entsprechenden äussern Wort- und Satzgruppirung zu sprechen. Dieselbe Behauptung gilt jedoch gewiss auch von vielen anderen der kleineren Gedichte.

Trotz der Kunstmetrik, welche man in die Gedichte der K. H. hineinlegte und dann bewunderte, hört man doch noch hie und da die Behauptung, alle Gedichte der K. H. seien *Volks*- oder *Nationallieder*, namentlich aber die kleineren. Das sind sie jedoch gewiss *nicht*.

Im Zaboj wird z. B. geradezu auf Lumír hingedeutet und Záboj mit ihm verglichen, obschon das Gedicht ganz objektiv beginnt. So liegt auch dem Čestmír und dem Beneš troz ihres objectiven Beginnes ein dichtendes künstlerisches Subject zu Grunde, das sich im „*Jaroslav*" sogar hervordrängt (*Zvěstuju* Vám pověst veleslavnú), ja auch in der „*Ludiše*" (*Znamenajte* staří, mladí). Die meisten kleineren Lieder sind jedoch zu sehr nett ausgeführt und organisch durchgedacht, um sie als blosse Volkslieder gelten zu lassen. Wenn wir sie jedoch auch sämmtlich als *Kunstlieder* ansehen, so soll dadurch durchaus nicht behauptet werden, dass sie

1. nicht zu *Volksliedern* hätten werden können, wenn ihr Inhalt und ihre Form Anklang beim Volke fand,

2. dass in unsere Sammlung der K. H. manche in der Tat nur aus dem Volksmunde aufgenommen wurden, worauf auch die Lückenhaftigkeit mancher deutet,

3. dass die meisten von ihnen im Gegensatze der *Kunstpoesieen* des christlichromantischen Zeitalters z. B. der Legenden, der Alexandreis nach unserem Kunstgeschmacke wahre echt *böhmische* (patriotische) *Naturlieder* sind. Denn so *verschieden* auch die einzelnen Gedichte der K. H. sowol in der Erfassung als Durchführung der poetischen Idee sind, so zeichnen sie sich doch durch natürliche Auffassung *humaner* Momente seitens des *Inhaltes* eben so aus wie seitens der *Form* durch schlichte *Lieblichkeit* und natürliche *Einfachheit*.

Man vgl. z. B. nur Dalemil's täppische Ungeschlachtheit selbst mit dem gedrillten Gedichte: *Ludiše* und dem etwas klagsüchtigen *Jaroslav*, und man wird vom Hauche natürlicher Anmut angeweht, obgleich die beiden letztgenannten Gedichte die geziertesten der K. H. sind.

Diese Humanität der Gedichte kann aber noch zu anderen Betrachtungen führen, die sich auf die *Einleitung* oder *Gliederung* der K. H. beziehen.

Die kleinern Gedichte nämlich, welche unter der Aufschrift „o piesniech" im 28. Kapitel vorkommen, fassen den Menschen als eine *Einzelnperson* zumal in seinem *geschlechtlichen* Verhältnisse auf, ohne gerade *Liebeslieder* im spätern lüsternen Sinne zu sein. Sie sind auch *nicht reinlyrisch*, sondern zumeist *episch* oder *dramatisch*, indem sich der Gemütsinhalt derselben natürlich an eine Tatsache oder ein Gespräch sohin an einen *objectiven* Inhalt anzulehnen pflegt. Alle Gedichte, welche dem 28. Kapitel vorangehen, fassen jedoch den Menschen als ein *Glied der Gesellschaft*, als sociale Person auf. Hieraus liesse sich auch schliessen, dass es in der Sammlung auch eine Abteilung wird gegeben haben, deren Gedichte den Menschen als Erdenbewohner, im Verhältnisse zur sichtbaren Naturwelt d. i. in *heidnischreligiöser* Beziehung aufgefasst haben. Das wären Gedichte gewesen, deren Inhalt eine Fülle von *Mythen-* oder *Göttersagengeschichte* gewesen wäre, und welche in den beiden ersten Büchern hinreichend Raum gehabt hätten.

Würde man sich zu dieser Ansicht bequemen können, dann könnte man das *erste* Buch sich erfüllt denken mit *Theogonien* oder, populärer gesprochen, mit *Mythen* im engeren Sinne oder mit Märchen — das *zweite* Buch mit der (mythischen) *Sagengeschichte* des böhmischen Volkes, wie dies Libušin súd ist. Siehe die Sitzungsberichte d. kön. böhm. G. d. W. v. 9. Oct. 1865. Ueber das Wesen und den Ursprung der slav. Mythologie. Das *dritte*

Buch mag in 27. Kapiteln die *historischen* Begebenheiten zumeist des
politisch-socialen Lebens der Böhmen, vom 28. Kapitel an aber Begebenheiten des *Privatlebens* politisch aufgefasst enthalten haben. Wäre dem so,
dann hätten wir keine willkürlich entstandene Sammlung von Poesien vor
uns, sondern ein Ganzes, das nach einem tief und wol durchdachten
Plane gegliedert, das *poetische Echo der böhmischen Vorzeit* gewesen
wäre, weil es vom eigentlichen Mythus beginnend durch die Geschichte
bis ins Privatleben eingedrungen wäre. Daraus wäre dann ersichtlich, dass
1. die von *Hanka* eingeführte, noch immer giltige Sitte, die historischen Poesien nach den *Namen* der darin handelnden Personen zu
benennen, z. B. Beneš Heřmanov, Jaroslav, im Grunde nur eine Uusitte
sei, da es sich darin um politische Taten handelt, wobei der Einzelne
nicht als Person sondern als Moment des politischen Ganzen erscheint.
Darin hatte also der alte Sammler mehr Tact bewiesen, als wir, da wir
uns mit Persönlichkeiten vordrängen, wo sie nicht am Orte sind, z. B.
Ludiše und Lubor, weil es sich da um Schilderung des altertümlichen,
feierlichen Zweikampfes: *„o slavném siedanie"* oder *„o pótky a siedanie"*
handelt und das Verhältniss Lubor's zur Ludiše nur am Ende als Knospe
hervorblüht. Wo die Nennung der Persönlichkeit nottat, da finden 'wir
sie auch schon in der alten Ueberschrift z. B. „o vícestvie nad *Vlaslavem."*
2. dass auch die *„piesnie,"* wie bereits angedeutet wurde, nicht
als blos *lyrische,* oder gar *romantische* Gedichte aufzufassen seien, indem
hinter oder mit den Persönlichkeiten derselben zumeist ernste Privatver-
hältnisse geschildert werden. Wir befinden uns in ihnen stäts in der *wirklichen* und in keiner *zauberhaft verklärten* Welt, wenn auch manche
einen mythischen Hintergrund haben können, der es wieder erklären würde,
dass unter den Liedern anderer Slavenstämme so viele Analogien derselben sich vorfinden (Jireček, Echtheit. S. 53—55. 63—66.). Denn auch
dem Mythus liegt ja nur das *allgemeine* Verhältniss des Menschen (hier
als Privatperson) zur Natur zu Grunde. Daraus ist auch erklärlich, dass
in den Liedern (piesnie) ebenfalls das *national böhmische* Bewusstsein
des Hasses gegen die unterdrückenden Fremden und zwar namentlich
der Deutschenhass schwindet, wärend die rein menschliche Persönlichkeit
hervortrit, allerdings in speciell *böhmischen* Verhältnissen (z. B. ach!
vy lesy Miletínští!), wie dies jedes concrete Kunstwerk fordert.
3. Wenn Šafařík die *Kytice* und Jireček die *Žezulice* ein Hoch-
zeitslied nennt, so ist zu bedenken, ob nicht alle *„piesnie"* des 28. Kap.
Písně svatební d. i. Braut- und Hochzeitslieder gewesen sind. Alle
besingen nämlich, wie gesagt, einzelne Beziehungen der Geschlechtsver-
hältnisse, von welchen wir nicht aburteilen können, ob sie nicht zu den
einzelnen Momenten altböhmischer *Hochzeitsgebräuche* passten. War
z. B. der Scheinkampf und die Scheinentführung der Braut ein Hoch-
zeitsmoment, wie es in der Tat noch alte Sitten nachweisen, dann ist
Zbyhoň ein Gegenbild der hochzeitlichen Entführung, der *Jelen* (Hirsch)
ein Gegenbild des Kampfes um die Braut, wobei natürlich der Bräutigam siegen musste. Wer weis, ob dem Bräutigam und der Braut nicht
zur Folie ihres Glückes halbironisch Gegenbilder vorgehalten wurden,

wie es z. B. in der *Zarmouc, ná* (Betrübte) geschieht, worin besonders die Ansprache an eine *Menge* (Versammlung?) auffällt („a *řieknete*, dobří *ludie*"). Die *Jahody* (Erdbeeren) könnten an die Brautmutter gerichtet sein, welche ihr Kind frohsinnig dem Bräutigam übergibt, wärend die Mutter im Liede ihr Kind vor den Jünglingen warnt. Man unterlege der *Kytice* (Sträusschen) in der *Zmil'tka* eine Braut und man wird die naive Schalkheit fühlen, die in den Worten liegt: Dem gäbe ich mein Kränzchen vom Kopfe.

Waren aber die Lieder des 28. Kapitels Braut- und Hochzeitslieder, so konnte ein 29. Kapitel Familienlieder, z. B. Kinder, Postřižinylieder, ein 30. 31. 32 .... ntes Kapitel Totenlieder udgl. Gesänge enthalten haben, die man öffentlich bei den Zusammenkünften in den Rajhrady sang (Šafařík — Thun. 32). Aus allem dem könnte man aber auch schliessen, dass selbst diese „piesnie" mehr heidnisches enthalten, als man gewöhnlich dafür hält. Das gibt uns nun Gelegenheit, das Heidnische der K. H. näher zu berühren.

25. Heidnisches und Christliches in der K. H.

Es kann kein Zweifel darüber vorwalten, dass die Reste der K. H., wie wir sie vor uns haben, entweder am Ende des 13. oder im Anfange des 14. Jh. geschrieben sind. Genauer irgend ein Jahrzehend anzugeben, worin die Abschrift vollbracht wurde, dünkt uns unsicher und unnötig zu sein, da es mit der böhmischen Palaeographie noch durchaus nicht so sicher steht, dass man mit Sicherheit Jahrzehende bestimmen könnte. Dass auch das Original, woraus abgeschrieben wurde, bereits christlich germanischen Zeiten angehörte, ist schon, wie gezeigt, aus der Orthographie und den Uiberschriften ersichtlich. Diese enthalten nämlich das latein. Wort „*kapitule*" als Abteilungswort, auch der Eingang: „*počina sie*" ist nur die Uibersetzung des lateinisch üblichen: *incipit*, oder des deutschen: „*hie hebet an.*" Die deutsche Wortform *helm, helmice*, statt des slavischen šlemъ, weisst entweder auf die germanischen Ritterzeiten des Sammlers oder Abschreibers hin, oder es rührt noch aus den Markomanenzeiten als ein übriggebliebenes Fremdwort her, da auch schon im althochdeutschen die Form *hëlm* (goth. hilms) gebräuchlich war.

Das Wort *tvrdost*, die Feste, muss jedoch keine blosse Uebersetzung des lateinischen *firmamentum* sein, sondern kann entweder aus dem Heidentum selbst herrühren, da allen Heiden der sichtbare Himmel ein Gewölbe oder eine Feste zu sein schien, wie z. B. bei den Griechen die *Gestirne* am ουρανός sogar *befestigt* waren: oder aber es ist ein Rest der slavischen Bibelübersetzung, da es in der russischen Kirchensprache *tvrdь* lautet. Diese wenigen, zum Teile nur gemutmassten Fremdwörter der Handschrift sind Erscheinungen nur späterer Abschriften, späterer Redactionen, deren es viele gegeben haben muss: der Kern der Gedichte und die ganze Tendenz der Sammlung zeigen ein r *inböhmisches national-*

gefärbtes heidnisches Gemüt. Selbst das Gedicht: „o velikých bojech *křesťan* s *Tatary*“ oder der *Jaroslav* zeigt mehr Hass gegen die Tataren als Unterdrücker *slavischer* Nationen, denn als Verwüster *christlicher* Länder: die verächtlichen Ausdrücke „*křesťěnští ludé zabili*,“ christliche Leute töteten sie, sind eben nicht christenfreundlich gesagt, das Gebet am Hostýn wird ganz objectiv erfasst, ja es kommen sogar Ankläge an heidnische Momente vor. Denn auch die Heiden glaubten an eine *Máti božia* e'ne Göttermutter, welche Wunder wirkte, die Christen am Hostýn versprachen *Gott* (o! Hospodine!) fast auf heidnische Art eine „*hlasonosná obět*,“ hostia vociferationis (Psalm. XXVI. 6), wenn er helfe, zu bringen (vzdamy, imolabimus), und das ganze Wunder besteht in einer *Naturerscheinung*, nämlich in einem Hochsommer-*Gewitter*! — Auf die hlasonosná obět vergisst dann das Gedicht ganz, vielleicht weil sie nur *Psalmgebet* war. Psalmen waren unter allen Bibelteilen *zuerst* und *zumeist* unter den ersten Christen verbreitet. Da ist also von einer wahrhaft christlichen Innigkeit keine Rede: auch ein Heide könnte so über leibliche Lebensgefahr von und über Christen berichten. Nun meinen wir allerdings nicht, dass im J. 1241 in Böhmen noch Heiden gewesen wären, wol aber, dass an gar vielen Orten das Christentum nur *äusserlich* angenommen worden war, dass der *altnationale* böhmische Geist das nivellirende Christentum, das dazu noch im *deutschen* Gewande heran kam, nicht freudig begrüsste, dass es sohin *getaufte Heiden* auch im 13. Jh. in Böhmen genug gegeben haben mag.

Diese dürfen wir uns allerdings wol nicht im *Centrum* des Landes, *in* und *um* Prag denken, eben weil da sowol der *königliche* als auch der *bischöfliche* Hof den christlich germanischen Geist förderte. Der Sammler der K. H. kannte aber auch *Prag gar nicht*, wie es das Gedicht: „o pobitie *Polanóv*“ ganz deutlich zeigt, da es die *Stadt* Prag (suburbium) mit der *Burg* Prag (castrum, castellum, Hradčany), den Fluss, welcher die Burg im Burggraben vom Pohořelec abschloss, mit dem Moldaustrom und sohin auch die *Schlossbrücke* mit der *Moldaubrücke* gründlich verwechselte, was doch stark genug ist wie jeder bezeugen wird, der Prag gesehen. Beiläufig fragen wir hier die *Fälschungsgläubigen*, ob denn bei solchen und ähnlichen Mängeln der K. H. ein Impostor sich so benommen hätte?

Aber die *Peripherie* Böhmens atmete einen ganz andern Geist als das Centrum, die Peripherie hielt noch am Nationalen und Altertümlichen fest, als das Centrum schon entnationalisirt und modernisirt war. Dies gilt zumeist von dem *nordöstlichen Böhmen*, wo schon die ungeheueren Waldstrecken Heimisches pflegen liessen und es vor Fremden schützten. Und in der Tat gedenken die .Gedichte der lieblichen Gegenden Nordböhmens im einzelnen, sie erwähnen der Sommer und Winter grünen *Miletiner* Wälder, sie kennen die *Trosky*, die *Hrubá Skála* sehr gut — nicht aber die entfernten Gegenden, eben so wie gegen Prag, so auch gegen Olmüz zu: sie verlegen z. B. den Berg Hostýn nahe zu an Olmüz, bezeichnen ihn als nicht hoch, vermengen die Enkelin des *russischen* Fürsten Michal Všcvladovič, die *vor* den Tartaren durch Schlesien floh, mit einer Tochter des *Tataren*-Chans selbst. Die Nähe wird wahr und concret geschildert, die Ferne irrig und matt. Dort im nordöstlichen Böhmen entstand die Sammlung, dort wurde sie auch gefunden.

Von diesem nordöstlichen Puncte aus muss wol auch der Ausdruck: *knéz Zalabský* im Gedichte: o slavném sědání beurteilt werden: ein Fürst *jenseits* oder *hinter* der Elbe (Labe), wobei gewiss nicht die Elbe innerhalb Böhmen gemeint ist. Denn auch dies Gedicht kargt mit der topographischen Beschreibung, es spricht so *unbestimmt* von Herren ferner Länder, ferner Heimat (z dalných zemí, z dalných vlastí), es nennt den Adel bald *páni*, bald *starosty*, bald *zemané*, was vom böhmischen Adel fast unmöglich gewesen wäre, da man ihn näher bestimmt haben müsste. Auch da scheint also eine Entfernung gegen den Nordwest, nämlich zu nördlicheren, ausser Böhmen liegenden Elbeländern hin die sonderbare Fremdheit und Unbestimmtheit des Gedichtes hervorgebracht zu haben, bis zu welchen Ländern hin z. B. über Meissen, Thüringen, die böhmische, oder doch eine nahverwante slavische Sprache reichte.

Aber gerade dieser *Unterschied* in der concreten Auffassung der Gedichte nach den topographischen Verschiedenheiten zeigt ihren concentrischen *heimischen* Ursprung, weist aber auch auf *verschiedene Verfasser* hin, wenn auch der *Sammler* nur *eine* Person an *einem* bestimmten Orte (wahrscheinlich Chvojnov-Dvůr-Králové, Nebeský, musejn. 1852. H. Jireček, Slov. Nov. 1856. N. 106. Světozor S. 71. — *Komárek:* aforismy rukopisu Králodvor. v Památkách. 1867. 13. ročník. sv. 1.) gewesen sein mag, obschon auch da die Ansicht von einer allmäligen Ansammlung der Dichtungen durch *Mehrere* die natürlichere wäre. Diese verschiedenen Dichter und Sammler wurden dadurch zu geistig *einigen* und sich gleichsam *fortsetzenden* Persönlichkeiten, dass sie eben der *altnationale böhmische* Geist, der eben so dem Deutschtum als dem Christentum abhold war, zusammenhielt. Je mehr die Kirche solchen Gedichten ganze *Legendencyklen* und *ascetische Gedichte*, der königliche *Hof* aber die schulmässigen, *abenteuernden* und *Minne*-lieder entgegenstellte: desto mehr mögen Patrioten auf die *Erhaltung*, *Verbreitung* und *Sammlung* ihrer alten, heimischen Gedichte gedacht haben, desto mehr mögen ihre Sänger und Schreiber von *nationaler* Seite geehrt worden sein (Jireček, Echtheit. S. 99.). Männer, wie *Záviše* von Rosenberg, können sohin weder Sammler noch Dichter *solcher* Gesänge gewesen sein, welche viel weiter und tiefer reichen und gänzlich der schulmässigen Bildung des 13. Jh. ferne stehen (Šafařík-Thun, S. 16. — J. Feifalik: Sitzung der hist. stat. Section am 25. Juni 1858 in Brün). Solche *junácké* und *ženské písně* der Gr. und K. H. sind der *Schwanengesang* des alten, heidnischen Böhmens, sie sind Geistes-Reste aus dem Heidentume, die meisten auch *direct* daraus rührend, *indirect* aber alle. Die Gränze beider strenge anzugeben, ist wol unmöglich. Das Metrum allein darüber entscheiden zu lassen geht offenbar nicht an. Denn in der Gr. H. will man z. B. ein Metrum gefunden haben, ohne dass es dem Heidnischen darin Abbruch täte, warum sollte dies auch nicht bei *Zbyhoň* der Fall sein, wenn man auf den *Geist* des Gedichtes, die freie

Sinnlichkeit preisend, sieht. Wie viel Christliches findet man denn in den kleineren Liedern? Das künstlichere Metrum, wenn ja eines wirklich darin ist, könnte nur für eine spätere kunstgeübte Hand bei der letzten *Umarbeitung* sprechen. Reimen sich sogar oft offenbar heidnische Sprüche z. B. proti Mořenč, není kořenc, durch die Umformung nämlich späterer Tage. In solchen Fragen kann nie die veränderliche äussere Form, sondern nur der *Inhalt*, der *Geist* entscheidend sein. So ist z. B. seitens der Tüchtigkeit des Styles, seitens der Uibereinstimmung in *einzelnen* poetischen Tropen wol eine Analogie zwischen den Gedichten der K. H. und der geversten Alexandreis, so wie zwischen manchen Legenden herzustellen (Šafařik, musejn. 1847. I. 339. Nebeský musejn. 1852. III. 159), der Gedankengang aber, der *Geist* gehört schon einer *ganz andern Welt* an, einer Welt, welcher das Jenseits erst die wahre Welt ist, während in allen Gesängen der K. H. die *Natürlichkeit* und *individuelle Humanität* im *Diesseits* gepriesen wird (Dambeck-Kopitar: Vaterl. Blätter, 1819. Wien. Chronik. S. 34). Vergleiche auch die nachfolgende Anmerkung. Dieses allein verführte *Dobrovský* (G. d. b. Liter. 1818. 385—390) zu der Behauptung, dass „der *Ton* des *nationalen* Volksliedes in ihnen nicht zu verkennen sei," was wiederum Spätere zu der noch irrigeren Behauptung: es seien dies *Volkslieder*, verleitete.

Wir wollen nun hier die *einzelnen Lieder* der Handschrift *analysirend* dem Leser vorführen und zwar nach dem von uns vermuteten Alter derselben manchmal wörtlich übersetzend, manchmal nur contrahirend.

Anmerkung. Wenn wir im obigen hie und da gegen die *Verse* auftraten, so geschah das nur seitens der extremen Richtung, die kein Gedicht ohne Verse (und Reime) sich denken kann oder will. Wir sind nämlich überzeugt, dass auch in sehr alten Zeiten in Böhmen und den anderen dazu gehörenden Ländern fleissig Verse gemacht wurden, ja dass man auch Reime, wo man nur konnte, anbrachte. Haben wir doch, auch abgesehen vom *Dalimil* und den *Alexandreis*-Fragmenten, sowie selbst der Anzahl gereimter Legenden, selbst von einem altertümlichen Gedichtfragmente Bericht erstattet (Sitz. Ber. d. kön. böhm. G. d. W. 3. Februar 1862), das nach den aufeinander folgenden Worten: *spevati* (zpěvati), *vitati* (vitati), *snati* (znáti), *picati* (pykati) zu schliessen, nicht sehr zart gereimt war. Es wurde an einer Incunabel, die einst in der Bibliothek des letzten Rosenbergers war, aufgefunden (Fr. *Pfeiffers*: Germania, Wien, 1863. S. 187.) und ist unter anderen auch darum interessant, weil es an einem Fragmente der Nibelungen geschrieben vorgefunden wurde. Es hat nun in der Prager Univ. Bibliothek die Signatur 17. J. 17. Nro. 3. Doch da es im Leime lag, litt es bei der obschon sehr sorgfältig vorgenommenen Lösung so, dass kaum der dritte Teil lesbar ist. Es sind die Fragmentes Schriftzüge noch viel *altertümlicher*, als die der K. H. Es ist in einem slavischen Dialecte verfasst, der manches unböhmische hat z. B. die Formen *heu*, (cheu, chci) *swaki* narod, *duorzwo* und kann sohin denjenigen zum Belege dienen, die da mit Recht von verschiedenen Stämmen in Böhmen und Mähren sprechen. Da es sich an einer abgeschabten Seite eines *Nibelungen*-Fragmentes erhalten hat und zwar gerade des Anfangs der Nibelungen, so meinte Fr. *Pfeifer*, es sei ein Versuch der Uibersetzung der Nibelungen, was jedoch sowol zu behaupten als zu läugnen schwer hält, da eben fast kein Satz mit Sicherheit festgestellt werden kann. Der Beginn: Höret zu, ich will euch wunderbares singen oder: höret zu, ich hab' euch wunderbares zu singen, lauten allerdings wie der Beginn eines epischen Liedes. Aber die ganze Natur des Liedes ist schon gekünstelt angelegt und die Reime drängen sich zu sehr hervor: als dass es im entferntesten mit einem Liede der Königinhofer Handschrift verglichen werden könnte. Es ist mit Ausnahme des Anfangs- P (Posluchajte) in zwei Langzeilen ohne Interpunctation geschrieben, mit einer wahren Perlschrift, die eine sehr geübte Hand verrät. Ob sohin gerade Böhmen das Vaterland des Liedes ist, muss dahin gestellt bleiben, wenn auch manche der sonderbaren Formen in anderen böhmischen Handschriften sich vorfinden, z. B. in den Offenbarungen der h. Brigitta im Manuscripte 17. E. 8. N. 18 fol. 133 „a na *všaku* hodinu myslila sem". In der Handschrift 17. F. 1. d. i. in den Štitný'schen Offenbarungen der h. Brigitta, fol. 7. v. „ješto mie maš na *však* den kn obicti na oltáři." *Dvorzvo* kann verschrieben für dvorstvo sein.

26. „O velikém pobití", Záboj und Slávoj (oder von der grossen siegreichen Schlacht).

Dies Gedicht ist in unserer Sammlung eine Art Anhang der historischen Lieder, da es den Hochzeitsliedern unmittelbar vorangeht. Da es nun das älteste der Zeit der Entstehung nach zu sein scheint (Komárek versetzt den Ursprung gegen das Jahr 806), so mag es zu einer frühern, schon abgeschlossenen Sammlung aus einer andern Sammlung herübergenommen worden sein. Es besteht aus folgenden Abteilungen.

Erstes Bild.

Der starke Záboj betrachtet von einem hohen Waldfelsen ringsum die Gegenden seiner unglücklichen Heimat (krajiny, hier wahrscheinlich nur Naturgegenden, nicht Župengebiete). Nach langer wehmutsvoller Betrachtung aller dieser Gegenden eilt er durch die Wälder zu all den Mannen, die sich darin bergen und sammt ihren Schutzgöttern (bozi) darin als in einem noch nicht von den Feinden eroberten Teile der Heimat (po všickej vlasti) weilten. Er spricht nur weniges und dies im Stillen zu ihnen, weil wol der Hauptentschluss längst gefasst war, neigt sich vor den Göttern, um wieder weiter zu eilen. Seine Worte betrafen eine geheime Zusammenkunft in der Nacht des dritten Tages beim Mondscheine im Waldesdunkel.

Zweites Bild.

Záboj führt die nächtlich Versammelten in ein tiefes Tal und zu unterst stehend singt er „den Männern von Bruderherzen und funkelnden Augen," den innig Verbündeten und Feurigen bei Begleitung des Varyto einen Gesang, worin die trübe Lage des Vaterlandes und sein trauerndes Gemüt dargelegt wird. Es starb uns, sagte er, der Vater, er hinterliess seine Kinder (Penaten?) und die Frauen (lubice) ohne einen Nachfolger zu bestimmen, der mit Vaterworten zu ihnen gesprochen hätte. Da drang der Fremde (cuzí) (der Deutsche) mit Gewalt ins Land und mit fremden (deutschen) Worten gebietet er über Familiensitten und über den Götterglauben. Nur ein Weib sollen wir durch unser ganzen Leben haben, wenn wir von der *Vesna* zur *Morana* wandern, aus den Hainen vertrieb er alle Sperber (krahuje), fremden Göttern sollen wir uns neigen, ihnen opfern: dort, wo wir uns vor unseren Göttern bis zur Erde beugten (sě bíti v čelo před bohy), wo wir ihnen Speise hinlegten und laut zu ihnen sangen, dort fällten sie die (heiligen) Bäume und zertrümmerten die Götterbilder.

Anmerkung. Nicht etwa romantisches Waldesdunkel war der Grund der Waldverehrung, sondern die Wälder galten als mythische Metamorphosen der Wolken, hinter denen sich die Götter zu bergen pflegten: eben so waren die Sperber bei den Böhmen dieselbe Blitzmetamorphose gewesen, wie der picus des Lateiners überhaupt und der Adler des Zeus insbesondere. Der *mythische* Gedankengang versetzt nämlich die Bilder der Gegenstände des Unten auf die Erscheinungen des Oben, nennt z. B. die dichten Wolken *Wälder* oder *Berge*, was eigentlich im Altertum dasselbe war (hory = bewaldete Berge), sah aber wiederum in den Bergwäldern des Unten seine Wolkenberge des Oben, und wie er in den Wolken die zerreissenden Blitze in Gestalt von reissenden Vögeln sich dachte. pflegte er in den Bergwäldern in heiliger Scheue die Sperber (Vgl. Wesen und Ursprung der slavischen Mythologie in den Sitzungsberichten, 1865 9. October. 1866. Prag).

Drittes Bild.

Ein zweiter Anführer, *Slavoj*, äussert nun den Eindruck des ebengesungenen Liedes im Namen aller durch die Worte: Ja, Záboj! du bist ein Göttersänger, wie es einst *Lumír* war, welcher durch Spruch und Sang Vyšegrad und dessen Gebiet bewegte. Als Záboj die feurig erregten Blicke des zweiten Führers verstand, fuhr er im Gesange fort: Wir *beide* sind die zwei Söhne des dahingeschiedenen Vaters, noch jung übten wir uns mit Schwert, Hammer (mlat) und Speer heimlich in den Wäldern: doch als unsere Arme männlich wurden, und eingeübt (umy) gegen die mörderischen Feinde und auch die *anderen* Brüder nachgewachsen waren, da brachen wir gegen die Feinde los und unsere Wut war die des wetternden Himmels. Das Wol kehrte in unsere Erbgüter zurück. — Als auf diese Weise Alle im Gesange Záboj's die Gegenwart und Zukunft vorgebildet hörten: eilten alle erregt zu Záboj hinab: die Hände gehen von Brust zu Brust und mit klugen Worten wird die dritte Nacht zum Aufbruche gegen den Feind bestimmt.

Doch die Nacht wich schon dem Morgen, alles eilt sobin aus dem tiefen Tale gegen die Bäume der Höhen und verliert sich durch den Wald nach allen Seiten.

Anmerkung. Nirgend ist so deutlich, wie in diesen Stellen, das Gefühl der slavischen Autochthonenschaft der Böhmen in der Peripherie Böhmens ausgesprochen, wärend die Gr. H. der Einwanderung mancher Stämme, namentlich des Centrums der *Cechen mit deren Heiligtümern* ausdrücklich gedenkt.

Anmerkung. 2. Es ist die Frage, ob auch nicht in dem zweiten Bilde dieses Gesanges, wie im Dalemil, statt „*dietky*" Kinder, gelesen werden sollte „ostavi *diedky*, Penaten, svoie i svoie lubice", ferner „tako bě sě zdieti *diedkom* (für dietkam) i ženam": denn es ist wahrlich sonderbar, dass im Gesange die *Kinder* vorangehen sollten den Müttern, auch greift der erobernde Fremde tatsächlich nur die Gebräuche seitens der *Götter*, Penaten, diedky, und der *Weiber* an: in der detaillirten Klage ist auch ferner von den im Altertume ohnehin stets untergeordneten Kindern *keine* Rede mehr. Der Ausdruck: *mluvi* k nim *oteckými* slovy, wäre dann gleich bedeutend mit dem Ausdrucke: „*otčík* k nim *hlásat* chodiváše." „*Bozi*" Götter und „*Diedky*," Penaten wären hier synonym gebraucht, wodurch es eben erklärlich würde, dass der Hausvater ihnen in der Dämmerung *Speise* reichte, was wohl bei Penaten, nicht aber bei wahren Göttern zu geschehen pflegte, denen man wol opferte, die man jedoch nicht *fütterte*, wie das allerdings bei den verstorbenen Vorältern, den Diedky zu geschehen pflegte. Man vgl. das Verbot des alten Poenitentiale (12 Jh. Sign. 3 F. 6.) „teuflische (d. h. heidnische) Lieder zur Nachtszeit über den Toten abzusingen" mit dem „chodiváše *hlásat*" er pflegte die Penaten laut zu rufen. Der Ausdruck der K. H.: „otčík zajde k otcem" das Väterchen gieng heim zu den Vätern, ist sohin gleich dem Ausdruke der Gr. H. „i umre-li glava čělědina", stirbt das Haupt der Familieneinheit.

Anmerkung 3. Die Erwähnung der Sängers *Lumír* (wol verkürzt für Lubomir oder Lutomir) in poetischer und politischer Beziehung zum Vyšehrad ist nicht nur eines der Zeichen, dass unser Gedicht selbst eine bestimmte historische Begebenheit besingt, sondern auch ein Beweis, wie viele Vyšegrad-Sagen für uns verloren gegangen sein mögen. — Die Erwähnung des „*Vyšehrad* i *vsie vlasti*," soll jedoch nicht als ein Beweis angesehen werden, dass auch im *Záboj* das mittlere Böhmen gemeint sei, sondern gerade umgekehrt, dass der Přemyslidensänger des *fernen Krokidensängers* gedacht und zwar in so uralter Zeit, in welcher wol Vyšehrad die *gemeinsame Cultusstätte*, aber noch nicht die politische Centralstätte von Böhmen war, was wol *Prag* wurde, das allerdings als Župenburg auch Heiligtümer in sich fassen musste, wie denn im Böhmischen der lateinische Name der Burg, castellum in den Begriff Kirche, kostel übergieng.

Der sonderbare Ausdruck in 65. v. „přicházeše noc před iutro" sollte vielleicht der Leseart weichen: přic hazi sie před intro, eben so wie es im Jaroslav v. 140. 141. heisst: noc rozvali sie k zemi" oder noch besser im Jaromir und Oldřich: „noc sie převali sie přes pólnoci, pokroči sie k iutru šedošeru" (v. 13. 14.): da *noc*, die Nacht, hier nicht der abstracte Begriff der Zeit ist, sondern der concrete Begriff des Nacht-Dunkels, so wie iu-tro (Diu-tro) ursprüglich der Licht-Bringer ist.

Viertes Bild.

Die Verbündeten versammeln sich in zwei Heeresabteilungen im dunklen Walde unter Záboj und Slavoj's Anführung, treu denselben ergeben und voll Hass gegen den König (král), sowie scharf bewaffnet. Záboj gibt den Rat auf verschiedenen Wegen gegen den „blauen Berg" hinzuziehen, da dort das Haupt der Schlange sei, die zertreten werden solle, während der rasche Slavoj zum sogleichen Angreifen drängt. Doch wird der klügere Rat Záboj's befolgt. Nach fünf Tagen sind beide mit ihren Heeren beim blauen Berge, dort vereinigen sie sich und erscheinen mit besonnenem Antlize so gewendet vor den Königsheeren, dass deren Anführer Luděk genötigt wird, seine Heere auf einen Punct zusammenzuziehen. Damit dies so rasch als möglich geschehe, lässt Záboj dem Anführer die Verhöhnung zurufen: Aj! Luděk, du bist ein Knecht von des Königes Knechten, sage nur deinem Wüteriche, dass seine Befehle uns nur Rauch sind. Luděk vor Zorn entbrannt ruft in der Tat seine Heere gleich zusammen: vom Sonnen- und vom Waffen-Glanze wird die ganze Gegend erhellt. Die Königsheere stehen in Schlachtordnung, den Fuss zum Schritt, die Hand zum Waffengebrauche bereit.

Anmerkung. Die Handschrift hatte ursprünglich v. 77 *krala* (kralja) oder *kralie*, das *a* oder *ie* erscheint nun ausradirt, wol durch Hanka, um den Accusativ nach alter? Art dem Nominative gleich zu machen, ein töricht Beginnen, da ursprünglich jede Endung ihr eigenes Suffix hatte und der Genitiv doch um nichts schlechter ist als der Nominativ. — Die Führer nennen sich gegenseitig *Bruder*, trotz dem dass Záboj der eigentliche Oberanführer ist, welchem Slavoj sich fügt, was etwas gezwungen durch das Verhältniss des pobratimstvo gedeutet wird. — Das Wort *král* wurde als Metathesis des Eigennamens *Carolus* (magnus) gedeutet, auch das Gedicht fast schon deshalb in den Anfang des 9. Jh. versetzt. In der Apologie der böhm. Geschichte (1863 S. 481 findet nämlich *Tomek,* dass die geschilderten Begebenheiten in keinen andern Zeitraum mit solcher *Wahrscheinlichkeit* gesetzt werden können als in die nächsten Jahre *nach* dem Feldzuge Pipins im J. 797. *Tomek,* scheint das Gedicht jedoch früher hin mit Recht in eine höhere Zeit hinaufgerückt zu haben und zwar zwischen die J. 728—748 (Abhandl. VII. B. S. 45. 46). Dass Karolus und Král etymologisch dasselbe Wort sind, als veraltete participia praeteriti activi, den Geritzt- oder Gewölt- oder den Geschlagen-habenden, den siegreichen, den Sieger bedeutend, daran ist wol kein Zweifel. allein die Wurzel *kar* ist ja indoeuropaeisch, (litanisch karálius, altslav., also von den Deutschen fern: kralь, magyarisch, von den Slaven entlehnt, kiraly). Král ist sohin ein selbständig *slavisches* Wort. Ein anderes Participium, aber praet. passivi und zwar *derselben Wurzel* ist *krat* in dva-krat u. d. gl., dessen Bedeutung man im Vergleiche des polnischen dva-*razy* leicht ersieht Dass Král die obige Bedeutung habe, zeigt auch der Name *kral-ik* der *kleine Wühler,* das Kaninchen, den man doch nicht mit Carolus Magnus in Beziehung wird setzen wollen. Im Gedichte kömmt das Wort *Král* auch nur als appellativum im Gegensatze zum *Vojevoden* vor: jedermann war Freund des Vojevoden und Feind des Král — als appellativum zeigt es auch die Construction „z *králevých* vojev" (v. 110). — — *Pět slunci,* fünf Sonnen stat fünf Tage, sohin slunce noch in der Urbedeutung: leuchtend.

Fünftes Bild.

Záboj bricht stürmend geradezu gegen den Feind los, wärend Slavoj denselben von der Seite angreift. „Ihr Brüder (bratřie!)" ruft Záboj zu den Seinen, „diese da sind es, die uns die Götterbilder brachen, sie sind es die unsere Bäume fällten und die Sperber aus den Hainen trieben." Allen ihren Mannen voran treffen Luděk und Záboj zusammen. Luděk hieb mit seinem starken Schwerte gegen Záboj, drei Häute des auffangenden Schildes zersprangen; Záboj warf aber seinen Hammer (mlat) gegen Luděk, doch da Luděk behende zur Seite sprang, so traf der Hammer einen Baum, dieser fiel zu Boden und riss dreissig Feinde zu den Vätern. Das machte Luděk noch unbändiger, so dass er Záboj zu rief: O du Vertierter (zhovadilý), du grosses Schlangenungetüm, mit dem Schwerte kämpfe gegen mich. Dieser Schwertkampf beginnt, allein auch die Heere kämpfen schon, da bereits ebenfalls Slavoj die Schlacht begann. Es dunkelte bereits, alles war schon blutgetüncht, doch der Kampf noch nicht entschieden. Da ruft nun Záboj dem Luděk zu: „Du Mörder! *Bés* soll dich schlagen! Warum trinkst du unser Blut!" Nun greift Záboj wieder zum Hammer. Als Luděk abermals zur Seite springt, wirft Záboj den wuchtigen Hammer hochgezückt so gegen Luděk, dass dessen Schild zerspringt, hinter dem Schilde aber auch Luděk's Brust. Seine Seele flog heraus vor dem schweren Hammer, doch ward Hammer und Seele hinaus getrieben und fünf Klafter weit ins Heer getragen. *Strach* (Furcht) treibt den Mördern (Feinden) Geschrei aus den Kehlen, *Radost* (Freude) aber ertönt aus dem Munde von Záboj's Heer und Freude funkelt aus ihren Augen.

Anmerkung. Gewöhnlich übersetzt man die Stelle über die Seele so: „Es *erschrickt* die Seele vor der schweren Axt, doch diese fliegt, die Seele mit sich nehmend, mit ihr noch fünf Klafter zu den Kriegern." Das Erschreken wäre hier bei der Heftigkeit und Schnelligkeit der Handlung nur ein lähmendes Bild, wir lesen sohin für *uleče sie* „uletecsie," und finden darin dann den Sinn, nach dem Schlage auf Luděk's Brust fliegt die Seele (durch den Hals) heraus, doch wird sie vom die Brust durchdringenden Hammer ereilt und mit ihm (im Luftzuge) bis fünf Klafter unter die Krieger getragen. Würde der Hammer die Seele passiv heraustreiben, dann würde auf orientalische Art die Seele im Blute gemeint sein, während in der indoeuropäischen Anschauungsweise die Seele (duch, duchja, duša) als warmer Atem immer fliegt. — In dem höhnend scheltenden Ausrufe, wodurch Záboj den Luděk zum Jähzorn treiben will, hebt Záboj nur die Störung der *Götter*verehrung hervor, was die obige Leseart *diedky* für *dietky* unterstüzt. — Die grossartigen Hyperbeln stimmen gut zu dem naivcolossalen Bilde von Záboj, der wie ein Riese gegen Luděk (Ludovikus?) kämpft. — Die Verfluchung mit dem *Bies* (Bojas, der Schlagende) ist höchst altertümlich, und doch eben so wie die Redensart: „*Parom* do tebe" noch heutzutage den Slovaken bekannt. Wir leiten *bés*, aus der Wurzel, *bi, boj*, schlagen, andere aus der Wurzel *ba*, bojati fürchten, ab und glauben Recht zu haben, da boj auch Schlacht bedeutet. Den dem *Bés* entgegenstehenden *Das* sehen wir wieder für eine Kürzung von *div-as* an, der leuchtende, so dass uns die ursprüngliche Bedeutung von *das*, der *leuchtende* Blitz, von *bés* aber der Donnerschlag ist.

Sechstes Bild.

„Aj, Brüder! die Götter verliehen uns den Sieg." Pferde werden aus allen Tälern auf den Walplaz gebracht, doch Slavoj mahnt, noch nicht abzulassen vom Kampfe gegen die Mörder (bůřit v vrahy). Da wirft denn Záboj den Schild weg, in einer Hand den Hammer, in der andern das Schwert bricht er ganze Reihen der Feinde durch, die nun *Tras* von der Walstätte jagt, wärend ihnen *Strach* Klagerufe aus den Kehlen treibt.

Anmerkung. Die *Götter* (bozi), welche den Sieg verleihen, sind nicht abstract gehaltene Siegesgötter überhaupt, sondern die *heimischen* Götter, die Penaten oder *Diedky*, welche die Heimat vor den *Fremden* schützen. — *Tras*, das Zittern, *Strach*, das Fürchten, *Radost*, die Freude sind objectivirte Gemütszustände und machen fast mehr den Eindruck von poetischen Personificationen, als von echten Göttergestalten. *Tras* wird in alten Bibeln für *tremor* häufig gebraucht und vollkommen personificirt. Solche Gestalten kommen auch in anderen Liedern der K. H. vor.

Siebentes Bild.

Die siegenden Heere verfolgen nun zu Pferde die Reste der geschlagenen Feinde. Ebenen, Berge und Wälder eilen hinter die verfolgenden Sieger. In einem wildtosenden Flusse gehen viele Feinde zu Grunde, doch die Bekannten (své zvěsty) tragen die Wellen (vody) auf das andere Ufer. Darauf nehmen in den Ebenen die Verfolgenden eine stets grössere Breite der Schlachtlinie an, wie wenn ein wilder Falke (ostřiež) seine langen Flügel ausgebreitet hat und eilends hinter den Vögeln dahin jagt. So geht es nachts wild unter dem Monde (nocú pod lunú), so tags wild unter der Sonne (pod sluncem) und abermals eine finstere Nacht durch und früh noch bei grauem Dämmern, bis abermals ein tosender Fluss viele Feinde verschlingt, und die Seinen hinüber trägt. „Dort, bei dem grauen (Gränz) Gebirge", ruft Záboj, soll unsere Rache zu stürmen aufhören." Doch selbst Slavoj rät nun schon, dass sie hier, so nahe den Gränzgebirgen, den kleinen Haufen der fliehenden Feinde, die so kläglich bitten, nicht weiter verfolgen.

Anmerkung. Die Lebhaftigkeit der Schilderung ist im Original wahrhaft grossartig, trotz der merkwürdigen Kürze der Diction, z. B. „Es toset ein wilder Strom, Wellen wälzen sich auf Wellen, es tosen alle Heere, Sprung auf Sprung jagt alles über den stürmenden Strom." Nach den beiden Flüssen die Gegend bestimmen zu wollen, wird wol nicht gelingen, da hier nur stürzende Frühlings-Berggewässer geschildert zu sein scheinen, deren Furt wol die Heimischen, nicht aber die Fremden (cuzí) fanden. Vgl. Jir. Echtheit.

Achtes Bild.

Záboj stellt die Verfolgung ein. Doch teilt er das Heer abermal, damit es nun in zwei Teilen zu verschiedenen Seiten im Rückwege alles Königliche ausrotte, bis beide Heere wiederum beim grauen Berge sich vereinigen werden, dort wo der Hauptsieg erfochten wurde. „Aj! ihr Brüder (bratři)!" ruft Záboj, „dort verliehen uns die Götter den Sieg, dort flattern scheu noch viele Seelen auf den Bäumen hin und her: Vögel und wild Getier fürchten sie, nur die Eulen nicht. Dort gibt es Leichen berghoch zu begraben (k vrchu), dort ist *Nahrung* den Penaten und *Opfer* den Heil-Göttern darzubringen, den Göttern unseren *Heilbringern* (spásám), milde Worte sind jenen zuzurufen und diesen widmend zu weihen der mörderischen Feinde Waffen."

Anmerkung. Die Schilderung mit dem grauen Gebirge hat gewiss einen topographischen Hintergrund: es sind bestimmte uns aber wol für immer unbestimmbare Oertlichkeiten gemeint, da es nicht feststeht, *wo* in Böhmen, ja *ob* überhaupt im, wie gegenwärtig, abgegränzten Böhmen die Tathandlung vor sich gieng. Die Erwähnung Vyšegrad's im Beginne des Gedichtes tut natürlich nichts, weder *für* noch *gegen* Böhmen als den Ort der Handlung, da Vyšehrad auch über die Gränzen Böhmens bekannt war.

Das Gedicht scheint in seiner *ursprünglichen* Form etwas bestimmter gefasst gewesen zu sein. Zu solchen etwas unbestimmten, weil später vielleicht nicht mehr verstandenen Stellen, zählen wir auch den Schluss namentlich über das Flattern der Seelen auf den Bäumen (velie duš těká sěmo tamo po dřevěch), das dem oben erwähnten Erschrecken der Seelen, sowie dem Herausschlagen derselben aus dem Leibe, der Seelen also in Blutgestalt, falls man die vorgeschlagene Aenderung nicht annähme, zuwider läuft. Da Bäume auch mythische Bilder der *Wolken* sind, so können darunter auch die Wolken ursprünglich verstanden worden sein als mythische Sitze der unruhigen Seelen. *Eulen* waren gleichfalls mythische Bilder aber der *Gewitterwolken* (Medusenköpfe haben z. B. Eulen in ihrem wirren Haare) und ihr Blick ward dem Blitz verglichen: darum fürchten sich auch Eulen vor den flatternden Wolkenseelen nicht; denn in den Gewitterwolken dachte man sich Seelen selbst, welche beim Blitzen neu zur Erde sich senkten, um neugeborene Kinderkörper zu beleben. Wie die Seelen mit dem Feuer (mit dem Blitze) aus den Wolken und aus dem Ráj zur Erde fuhren, so fuhren sie mit dem Feuer (des Leichenbrandes) wahrscheinlich wieder gegen den Himmel, daher der Ausspruch: sie flattern in den Wolken bis der Tote verbrannt ist (Cestmír a Vlaslav). Im Záboj ist jedoch vom Brande keine Rede, sondern nur vom Begraben. Den Ausdruck: „k vrchu pohrebat mrch" deuten wir jedoch nicht wie gewöhnlich durch das Begraben *beim* Berge, sondern durch das Aufwerfen einer *berghohen* Mogyla und wundern uns nur, dass man im Gedichte mit den Leichen (mrchy, Wurzel: *mr* = töten) so wenig Umstände macht, da doch Leichen von Freund und Feind beisammen waren: oder sollte dadurch angedeutet werden, dass *kein* Freund fiel? Ungeheuere Hyperbeln liebt allerdings das Gedicht. Darum verbrannte man wol auch die Leichen nicht, da man eine Sieges-mohyla haben wollte. Die Götter werden hier offenbar in einfache *bozi*, bohové d. h. nach unserer Ansicht in Penaten, denen man *Nahrung* (pokrm) gab und in wahre Götter, *bohové spásy* (Siegesgötter) unterschieden, denn man *opferte*, (dat mnostvie obéti). Das Wort *obéf*, obiet für obviet bedeutet eigentlich Versprochenes (altslav. větn Vertrag), dann Gelübde, votum, endlich erst Opfer und ist altertümlich: die Christen nahmen es später als ein unblutiges Opfer an, um es eben von dem heidnisch-blutigen Opfer zu unterscheiden. Aber auch dieses, das blutige Opfer, das Brandopfer oder die *žertva*, war obiet, in wie ferne dabei gebetet oder Gelübde gemacht wurden, wie es denn in *Vlaslav* (v. 11 . ausdrücklich heisst: „ež *nepálí* obiet bohóm." Das Gedicht in der gegenwärtigen Form vergass auch ganz auf die Leiche *Ludĕk's*. Nahmen sie etwa die Feinde mit? Ob in dem Worte *Ludĕk* der Name *Ludwig* und der irgend eines fränkisch-historischen Ludwigs sich berge. ist schwer zu entscheiden: es wäre auffallend, wenn die Namensform *Chlwdowig* oder Chlodwig im 8. oder 9. Jh. schon so gekürzt popularisirt gewesen wäre.

27. O vicestvie nad Vlaslavem (Sieg über Vlaslav) oder Čestmír und Vlaslav.

Das religiöse Band, welches unter den Krokiden die vielen Župen Böhmens mit den Centralžupen *Vyšehrad-Prag* vereinte, scheint unter der beginnenden politischen Concentration der Přemysliden öfters durch Versuche von Decentralisationen gelockert worden zu sein. Waren ja doch diese politischen Centralisationen der Beginn der Nachahmung der *deutschen* Politik (des Königstums): da die alten, wahren Slaven nur durch Heiligtümer und Nationalsitte Župe mit Župe zu verbinden pflegten und auch nur insoferne eine Centralžupe verehrten, als mehreren Stämmen *gemeinsame* Heiligtümer zu Grunde lagen („v *světě* Vyšegradě‘‘). Das vorliegende Gedicht erzählt eben einen solchen, aber misslungenen Versuch unter dem politischen Centralfürsten *Neklan*, der am Kampfe nicht selbst teilnehmend, durch seinen Feldherrn *Čestmír* die Widerspänstigen zur Unterwerfung bringen lässt. Dieser Čestmír. im Original auch *Čtsmír* geschrieben, doch auch Ctmír, wird von Dalemil und Hájek sammt Anhang *Štír*. von Kosmas aber noch sonderbarerweise *Tyr* genannt, erscheint, wie die mythisch positive Seite Neklan's, wie denn überhaupt in den alten lat. und böhm. Kroniken diese ganze Begebenheit mit gar manchen mythischen Momenten geschmückt geschildert wird, die jedoch unser Gedicht zumeist abgestreift hat. Es bestätigt sich durch das unbedingte Lob *Neklan's* die oben berührte Ansicht, dass die Gedichte der K. H. das Lob der Přemysliden besangen.

Erstes Bild.

Vlaslav (Vlasti-slav) in Verbindung mit *Kruvoj* rühmten sich laut der siegreichen Oberherrschaft (vícestviem) über Neklan, den ruhmreichen Fürsten und betätigten sie, Neklan damit höhnend, durch feindliche räuberische Einfälle in dessen *Prager* Gebiet. Neklan übergibt persönlich den Rachezug den Händen des Vojevoden Čestmír (Ehren-reich ?).

Zweites Bild.

Čestmír langt freudig seinen schwarzen zwei Zähnigen (dvú zubú) Schild von der Wand herab, so wie den Hammer und den undurchdringlichen Helm (*mlat* i *helm*). Unter alle Bäume legt er Opfer (obietí den Göttern (bohóm) hin. Freudig folgen die Heere ihrem Führer gegen das Gebiet des aufständigen Lučaner Fürsten Vor Tagesanbruch beginnt der Zug, und dauert bis nach Sonnenuntergang. Da nehmen sie schon den Rauch brennender Dörfer wahr, vernehmen das Stöhnen klagender Stimmen. „War es Vlaslav, der eure Dörfer zündete‘‘ (frug Čestmír), „war es Vlaslav. der euch zum Weinen brachte?‘‘ (der euere Stimmen so weich machte?) — „es ist dies sein letzter Mordzug. Rache und Verderben tragen für ihn meine Heere!‘‘ Sie antworteten aber dem Vojvoden Ctmír: *Kruvoj*, der hässliche, war es, der uns die Heerden wegtrieb, der mit Feuer und Schwert Schmerz in unsere erblichen Sitze brachte. Alles, was uns nützlich war, hat seine wilde Bosheit vernichtet: sogar den Vojevoden nahm er uns gefangen.‘‘ Hocherzürnt lässt Čestmír seine Heere ausruhen; denn früh morgens sollte der Rachezug vorerst gegen Kruvoj beginnen.

Drittes Bild.

Kaum bescheint die Sonne die höchsten Bergesgipfel, als schon die Heere durch zwei Gebirgszüge zur Felsenburg Kruvoj's ziehen. Dort hielt er den *Vojmír* und dessen schöne Tochter gefangen, welche er zur Verhöhnung Neklan's, im dichten Walde dort unter dem grauen Felsen festhielt und fortführte. Kruvoj schwur Treue dem Neklan und gab ihm auch den treuen Handschlag, aber derselbe Mund und dieselbe Hand brachte doch das Volk Neklan's ins Elend. „Stürmet Männer! die Höhere-Burg (Vyšeň-Hrad)." befielt Čestmir seinen Heeren, welche nun, geschützt von Schilden und Bäumen, die Höhen erklimmen und einen wütenden Schwertkampf beginnen. Einem Stiere gleich, brüllte Kruvoj, hoch auf der Burg, Tapferkeit in die Seinen und sein Schwert fiel schwer auf die Prager, wie ein Stamm, der vom Felsen herabfällt: doch Neklan's Krieger drängen sich in dichten Reihen wie Eichen gegen die Höhen. Nun befielt Čestmir auch von rückwärts die Burg anzugreifen, zugleich aber die höheren Vorderburgmauern zu übersteigen. Mit Hilfe zusammengebundener Bäume und Speere steigt Mann auf Mann, bis die fünften oben die Burghöhe einnehmen und mit Schwert, Pfeilen und selbst mit Balken die Verteidigenden zurückdrängen. Wie ein Frühlingsstrom (jarno) drängen nun die Prager über die Mauern in die Burg und bewältigen kraftvoll alles in der festen Burg.

Viertes Bild.

Čestmir ruft nun vor dem Turme, worin Vojmir gefangen gehalten ward: „Trete hervor o Vojmir, trete hervor mit deiner holden Tochter, schreite aus dem Turme in die Morgenfrische heraus. Dort auf dem Felsen wirst du erblicken Kruvoj schon blutend unter der rächenden Axt. Vojmir kömmt hervor in die wohltuende Morgenfrische, er kömmt hervor mit seiner schöngeformten Tochter und siehet bluten seinen Mörder Kruvoj. — Die Beute lässt Čestmir dem Volke wiederbringen, zu welchem sich auch das liebliche Mädchen heim begiebt.

Vojmir hätte nun in dieser Stunde, auf diesem Platze den Göttern (bohóm) das Opfer (obiet) gerne gebracht. doch Čestmir mahnt mit dem Dankfeste (služba) einzuhalten und lieber rasch zum Siege über Vlaslav zu schreiten, damit noch nachmittags die Heere an demjenigen Orte zurück sein könnten, an dem als dem Opferorte ihre Stimmen den *vollen* Sieg verkündigen sollen, da sichtbarlich die Götter auch den Vlaslav niederschlagen wollen. Nimm diese Waffen deines Feindes, Vojmir, und komm. Freudig hocherregt ruft Vojmir von einem Felsen im Walde aus vollem Halse so den Göttern zu, dass darob alle Bäume des weiten Waldes erzitterten: „Zürnet nicht ihr Götter! euerem Diener, dass er das Brandopfer euch beim Tageslichte nicht bringet." „In der Tat schulden wir den Göttern das Opfer", sagt auch Čestmir, „doch uns ist zu eilen gegen die Mörder. Du aber besteige schnelle Pferde, gleich eile mit ihnen durch die Wälder hirschesgleich hin in den

Eichenhain (dubravu), wo wegwärts der den Göttern genehme Felsen steht. Auf dessen Gipfel (na jeje vrchu) magst du den Göttern, den siegenden Rettern (spásám) opfern, für den erfochtenen Sieg und für den Sieg, der noch zu erfechten ist. Ehe die Sonne merkbar auf der festen Himmelsbahn weiter geschritten ist, besteigst *du* schon den Ort, und ehe die Sonne den zweiten und den dritten Schritt hoch über die Bergwälder wird getan haben, wird auch *mein* Heer dort angelangt sein, wo *dein* Opfer bereits in Rauchessäulen wehet, damit das Heer im Vorbeigehen davor sich beuge."

Fünftes Bild.

Vojmír opfert eine mutige Kuh von roter glänzender Farbe: er kaufte sie, die Gelte, dort im Tale hohen Grases voll vom Hirten, dem er dafür ein Pferd sammt dem Zaume hingab. Das Opfer brannte schon in Flammen, als sich das Heer dem Tale und talaufwärts dem Eichenhaine nahte. Geräuschvoll, weil die Waffen tragend, geht jeder Mann um das Opfer, Heil den Göttern rufend, wenn er abtrat. Doch als schon die letzten vorbeikamen, schwingt auch Vojmír sich auf sein schnelles Ross: die mächtigen Fleischesteile der Kuh werden von sechs Reitern dem Heere nachgeführt.

Sechstes Bild.

Das Heer (voisko) schreitet mit der Sonne fort, bis es mittags in der Ebene ankömmt. wo der kampfbegierige Vlaslav es schon erwartet. Sein Heer fünfmal so stark als das der Prager stund von einem Walde bis zum andern und wie aus Gewitterwolken hört man daraus Getöse schallen und das Gebelle grosser Mengen Hunde.

„Sorgen schaffet es mit solchen Mördern zu kämpfen" sagt *Vojmír*, „da selten ein Stab gegen eine Keule aufkömmt." Darauf erwiedert *Čestmír*: „Es ist klug, solches wol heimlich auszusprechen, doch sich auf alles vorzubereiten." Darauf entgegnete *Vojmír*: „Es ist ja nicht nötig, mit der Stirne gegen den Felsen vorzudringen: ein Fuchs überlistet oft den hartköpfigsten Auerochsen. Schritten wir geradezu vor, dann sähe hier Vlaslav unsere Schwäche, lassen wir daher neunmal das Heer so um diesen Berg herumgehen, dass die, welche die ersten waren, an die letzten sich im Marsche talwärts wiederholt anschliessen, um ihn zu täuschen. Dies geschah nun von Vojmír und Čestmír. Im niedern Gebüsche traten sie sodann auseinander, damit ihre Waffen erglänzten vor dem Angesichte der Mörder. Und in der Tat war der ganze Berg voll vom Waffenglanze.

Auf einmal bricht *Čestmír* mit vier Haufen hervor und mit ihm Třas (das Bangen) aus Waldesdunkel, Třas bemächtigt sich der Mördermenge, die in Gruppen zurück in die Wälder weichen, doch auch dort durch Strach (das Fürchten) gelähmt sind. *Voj-mír* sperrt nun gegen Aufgang das halbe Tal und mit tapferer Hand greift er in seitlicher Richtung die Mörder an. Aj! aus dem ganzen Walde brüllt es heraus, als ob Bergwälder mit Bergwäldern kämpften und alle Bäume zerbrächen. Doch *Vlaslav* dringt eilend gegen *Čestmír* hervor im wilden Kampfe bis nach Hieb auf Hieb Vlaslav verwundet am Boden liegt. Fürchterlich, doch vergeblich windet sich am Boden Vlaslav, er kann sich nicht mehr erheben, denn *Morena* schläfert ihn schon in das schwarze Dunkel ein. Blut tritt schäumend aus dem kräftigen Vlaslav und fliesst über das grüne Gras in die lockere Erde. Aj! aus brüllendem Munde tritt schon seine Seele hervor und fliegt baumwärts, dann vom Baume zu Baume, hierhin, dorthin, bis verbrannt ist der Tote. — Die mit Vlaslav halten, eilen seitwärts in die Gebirge um gedeckt zu sein vor dem Blicke Ctmír's, vor Ctmir dem Vlaslavatödter. — Bald vernimmt Neklan's erfreutes Ohr die Siegesnachricht, bald erblickt sein freudiges Auge die Beute.

Anmerkung. In den geschilderten Gegenden erblicken manche das Egertal bei Klösterle, in Kruvoj's Burg die Burgtrümmer des Himmelsteines, in dem Opfersteine den freistehenden Felsen des Purberges und im Walplatze selbst die Gegend um Winterniz: andere aber nach der Weisung der Kronikenschreiber die Gegend um Tursko, nahe bei Prag (Světozor, 1858. S. 90. 91. — Nebeský's museju. 1853. S. 478. Tomek: Apologie. 1863. S. 16.) Palacký bestimmt den Ort nicht (Dějiny I. 1. S. 110—112).

Vlaslav, der wol auch ein Premyslide war, scheint selbst eine Hauptburg-Centralisation argestrebt zu haben, in welcher die Vyšegrad-Prager aufgehen sollte. Nach den Kronikenschreibern scheint er viel Raubvögel und Hunde mit im Heere geführt zu haben, was vielleicht noch ein Rest *keltischer* Kriegsführung im Lande war (Dietenbach, Origines S. 169). Das Gedicht deutet dies auch an durch den *jeket* der Vögel und das *lánie* der Hunde im v. 151. — Verszeilen werden hier allerdings im uneigentlichen, doch gewöhnlichen Sinne genommen, da es im Gedichte keine wahren Verse gibt, so wie auch im Záboj, allein manche Poetiker würden gar kein Gedicht vor sich zu haben glauben, wenn sie keine *Zeilenabteilungen* vor sich sehen würden. — Die Landschaft Vlaslav's, nämlich Lucko, später Žatecko genannt, erscheint in der Gr. II. noch *nicht* am Vyšehrader Landtage vertreten: auch ist es beachtenswert, dass Neklan's Heere nur die „*Prager*" (Pražané) heissen, Wyšehrad's altertümliche Bedeutenheit scheint sohin in den Hintergrund getreten zu sein.

Vojmír erscheint durch sein Drängen zum Opfer, sowie durch sein Verhalten beim Opfern selbst mehr als ein Ober-Priester, denn als Vojevode zu fungiren; die Worte der Verszeilen 109. und 110., dass er so die Götter anrief, dass davor die Waldesbäume erzitterten, erklärt den Sinn der Worte *hlásati* bohóm. Vojmir scheint sohin der Hüter der Central-Heiligtümer gewesen zu sein in Neklan's Prager Burg, durch dessen Gefangennahme Vlaslav eben den Neklan beschimpfte (pohaně).

Die Gestalten: *Třas* und *Strach* kehren auch wieder mit eben der Unbestimmtheit: auf, die ungewiss lässt ob sie als mythische Wesen oder nur als psychisch poetische Personificationen aufzufassen sind: doch *Morena* ist als mythische Gestalt auch anderwärts sichergestellt. Unsicher ist jedoch durch die karge Orthographie des Originals ihre Tätigkeit, denn das Wort „Morena ici *sipaše*" (v. 193) kann *sypáše*, schläfert ein, oder *šipaše* sie schnellt (ihn in die dunkle Nacht) gelesen werden. Die älteste Leseart und

Deutung: sie *streut* ihn in schwarze Nacht, wird wol niemand mehr verteidigen. Es ist zu beachten, dass an der betreffenden Stelle noch vom ganzen Vlaslav die Rede ist, wäre von der Seele allein die Rede. dann könnte *černá noc* das Wolkendunkel bedeuten und *šipaše* allerdings die Bedeutung des Schnellens haben, da böse Seelen wol in den lichten Raj nicht dringen konnten, sondern in den Wolken blieben, was noch in der spätern Sage, dass die Vodnici, die Wassergötter in ihren Palästen Menschenseelen bürgen, wieder erscheint. Man vergleiche auch das serbische Volks-Lied, wo die Djevojka (Smrtholka) „den lebenden Cár ergreift, dem lebenden Câre die Augen blendet, ihn auf den grünen Berg hinlässt (pustila ga u goru zelenu), wo er gehet von Baum zu Baume, wie ein Vogel von Zweig zu Zweige (Děva zlatovlasá. 1860. S. 24)." Dies Flattern der leblosen Seelen ist auch im Gedichte von der Seele Vlaslav's gesagt: doch wird nicht mehr, wie im Záboj, vom *Begraben* sondern vom *Verbrennen* des Toten gesprochen (zžhati). Dies zu erklären lässt sich verschiedenartig versuchen. Es waren nämlich in Böhmen verschiedene slavische Volksstämme, die gewiss auch verschiedene *religiöse* Bräuche gehabt hatten, was vielleicht eben der Grund war, dass die religiöse Centralisirung unter den Krokiden nicht völlig gelang, — auch kann das Jahrhundert, welches zwischen der Zeit Záboj's und Čestmir's zu liegen scheint, viel geändert haben. Doch ist auch hier nur vom *Verbrennen des Vlaslav's* die Rede und nicht im allgemeinen: so dass man ganz naturgemäss annehmen kann, Vornehmere wären verbrannt und erst in Aschenform begraben worden: grössere Leichenmassen aber unmittelbar mohylenartig begraben worden. Auch schliest das Begraben, wie eben einzusehen, nicht geradezu das Verbrennen aus, da man wol *Aschenurnen* (popelnice) als auch ganze Knochengerüste beisammen begraben findet. Wenn es nun wahr ist, was Cosmas „referente fama" (Pertz, IX. B. S. 24—34) berichtet, was aber hier der Kunstdichter poetisch verschweigt, dass nämlich auch Čestmir an den erhaltenen Wunden starb, worauf ihm das Volk eine hohe Mohyla: „Čestmir's mohyla, bustum *Tyri*" vom spätern Volke genannt, errichtete: dann liesse sich der scheinbare Widerspruch auch so erklären: Vlaslav kann verbrannt und seine Urne mit den Leichen der gefallenen Feinde in einer grossen Mohyla begraben worden sein, die, weil sie eigentlich Čestmir's Siegesdenkmal war, immerhin Čestmir's Mohyla genannt worden sein konnte. Ja aus dem Vorhandensein dieser Mohyla und ihres Namens kann auch erst die Sage vom Tode Čestmir's entstanden sein: man schloss vielleicht aus der an der Walstäte befindlichen Mohyla Čestmir's auf seinen Tod. Die vielen Leichname „bergeshoch, *k vrchu*, pohrebat," zu begraben, ist etwas so natürliches, dass es hier, wenn auch nicht wie im Záboj ausdrücklich mitgesagt, doch gewiss auch mitgedacht ist. — Die supponirte Identität zwischen Tyr und Čestmir erheischt jedoch noch eingehende Untersuchungen, linguistisch und sachlich. Ebenso auch das oben angedeutete Verhältniss *Vojmir's* zu *Neklan:* war etwa unter den Krokiden der Kněz Oberpriester und Fürst zugleich in einer Person, unter den Přemysliden jedoch der kněz hauptsächlich *nur Fürst* und der Oberpriester *ihm* untertan? Dies würde das Verhältniss *Vyšehrads* zu *Prag* bestimmen. Vyšehrad sank mit dem Sinken der Centralheiligtümer, Prag erstund mit dem Entstehen politischer Fürstenmacht.

Anmerkung 2. Im ganzen weiset das vorliegende Gedicht eine ganz andere Natur aus als das Gedicht Záboj, es ist nämlich, ob schon ohne Verse geschrieben, viel zusammengesetzter, in manchen Puncten undeutlicher, überhaupt nicht so altertümlich einfach wie Záboj. So undeutlich sind z. B. die Einzelnheiten der Erstürmung und Eroberung von Kruvoj's Burg geschildert. In Záboj weht ein noch altertümlicherer Geist als selbst in der Gr. II. obschon die Sprache unserer Abschrift Formen des 12. 13. Jh. an sich trägt. Die Gestalt Záboj's: Sänger und Held zugleich, ohne wie Orpheus mythisch zu sein, verbürgt dem Gedichte die grösste Altertümlichkeit, auch ist von der spätern, Přemyslidschen Einteilung in Župengebiete mit untergeordneter Fürstengewalt im Gedichte Záboj keine Rede. Záboj war nämlich kein solcher Teilfürst im spätern Sinne, er reicht in die Zeiten vor Krok, er kennt Vyšegrad, als noch der Sänger und Held Lumir dort wirkte, von den Krokiden, die mit Cultusheiligtümern nach dem Centrum Böhmens zogen, ist noch keine Rede, Záboj und Slavoj kämpfen als Autochthonen der Peripherie Böhmens für die uralten Volkssitten *gegen* die Deutschen, wie Chrudoš sich gegen die Volkssitten und *für* die Deutschen erklärt. Im Čestmir wird schon für die Unterordnung unter den *Přemysliden* Neklan gekämpft. Die Riesenhyperbeln im Záboj fehlen hier, Záboj, der wie ein Riesengott gegen die Scharen der Feinde mit Hammer und Schwert zugleich kämpft, weicht dem klugen Čestmir und der feurige Slavoj dem priesterlichen Vojmir, der zu dem klugen, doch kleinlichen, sohin unpoetischen Mittel des neunmaligen Bergumganges rät. Der Anfang des Gedichtes Čestmir's ist viel poetischer als das Ende: der zweizackige Schild und der Streithammer Čestmir's verlieren sich jedoch im Gedichte spurlos: alles kämpft nur mit Schwertern, nur Kruvoj wird mit einer Axt (sekyra) hingerichtet. Und doch ist das ganze edel und altertümlich gehalten, wenn man es mit der Erzählung des Cosmas oder Dalemil vergleicht Bezugs der äusseren Form finden manche Mikroskopiker fünfsylbiges Metrum darin: wir schliessen uns aber denen an, die mit Recht keine Verse darin finden. Eine stümperhafte Hand hat auch da die alten Genitiv-Accusative wegradirt z. B. v. 33. Kruvoj für früheres Kruvoja oder Kruvoje, v. 47 Vojmir für Vojmira, v. 58. Neklan kněz für Neklana knězie, u. s. w. Manchmal steht aber wirklich ohne Rasur der Nomin. Accus.: Kruvoj z. B. im Verse 91. auch kóň, im Verse 139.

28. Jelen a junoše, der Hirsch und der Jüngling.

Erstes Bild.

Uiber Höhen und Flächen pflegte ein Hirsch hinzueilen, in Sprüngen über Berg und Tal: schöne Geweihe trägt er, mit den Geweihen durchbricht er den dichten Wald, worin er mit flinken Läufen umherspringt. Ajta! auch ein Jüngling pflegte über Berge zu steigen, durch Täler zu schreiten zu wilden Kämpfen, stolze Waffen trägt er bei sich und mächtige Waffen, um damit des Feindes (Mörders) Schaaren durchzubrechen.

Zweites Bild.

Dieser Jüngling ist nicht mehr in den Bergen: ein wilder Mörder hatte ihn hier hinterlistig überfallen, Bosheit brannte diesem dabei im trüben Auge, mit wuchtigem Streithammer (mlat) schlägt er ihm so gegen die Brust, dass die betrübten Wälder im Trauerschalle ertönen. Er schlug aus dem Jünglinge die Seele heraus, die junge, liebe Seele (dušu, dušicu), sie flog heraus durch den schöngeformten Hals, aus dem Halse durch die schönen Lippen. Aj! da liegt er. Warmes Blut strömt hinter der jungen Seele, welche weggeflogen war, der öde Boden saugt das heisse Blut ein; in einem jeden Mädchen gab es ein trauerndes Herz.

Drittes Bild.

Der Jüngling liegt in kühler Erde, über dem Jünglinge wächst eine junge Eiche, sie ward zur Eiche, die in ihren Aesten sich immer breiter und breiter entfaltet. Der Hirsch mit den schönen Geweihen wandelt immer noch einher, er springt mit seinen behenden Läufen, er pflegt emporzustrecken den langgezogenen Hals zu der Blätterfülle. Doch zu dieser Eiche fliegen her nun nur Scharen der klugen Sperber (krahujcev) aus allen Teilen des Waldes: auf der Eiche oben pflegen sie alle zu rufen: „Der Jüngling fiel durch Bosheit des Mörders (vraha)." — Den Jüngling beweinen alle Mädchen."

Anmerkung. Das Gedicht atmet einen so altertümlichen Geist, wie Záboj, ja es scheint ein Epitaphium desselben zu sein: wenigstens erinnern die Worte: er durchbrach mit mächtigen Waffen die dichten Scharen der Feinde, gewaltig an ihn. Den Streithammer, die Totenbestattungen und die Sperber finden wir auch hier, wie im Gedichte Záboj. Die Seele fliegt jedoch frei (ohne Morena) fort, sie flattert nicht vom Baum, zu Baum, auch ist das Blut hier deutlich von ihr geschieden. Die Sperber verkündigen von der Toteneiche die ruchlose Tat. Man vergleiche sie mit der verkündigenden Schwalbe in der Gr. H. Aber auch der Hirsch langt nach den Blättern der Toteneiche. *Alle* Mädchen weinen um den schönen Jüngling, er scheint sohin allgemein bekannt, z. B. ein Volks-Anführer gewesen zu sein. — Das letzte Wort „*dievie*" scheint ursprünglich in der Handschrift „dievicie" geschrieben gewesen zu sein, beide verhalten sich zu einander wie Maid und Mädchen. — Glücklicher Weise finden selbst Mikroskopiker in diesem altertümlichen Gedichte kein Versmass. Liegt dem Gedichte keine historische Beziehung (z. B. auf Záboj) zu Grunde, so könnte es auch *mythischen* Sinnes sein und ein slavisches *Linos-lied* oder eine *slavische Adonisklage* darstellen. Natürlich wäre dann alles Beiwerk auch mythisch z. B. die Eiche u. s. f weil dann der Jüngling der Sommergott wäre, der plötzlich vom Winterriesen überfallen wurde.

29. Holub a junoše: Der Tauber und der Jüngling.

Erstes Bild.

Ein Tauber flog unruhig im Walde her und hin, von Baum zum Baume, klagend, dass der arge Zbyhoň seine Taube in der festen Burg (u hrad tvrdý) gefangen hatte. Auch ein Jüngling umkreiset unruhig die feste Burg und klagt trauernd um seine teure Geliebte (drahá milá). Er ersteigt sodann einen Felsen, der Burg gegenüberliegend und trauert schweigsam mit dem stummen Walde. Da fliegt zu ihm der klagende Tauber. Der Jüngling erhob sein Haupt gegen ihn und sprach: Wenn dir der Sperber deine Taube ergriffen, würdest du sie wohl zurückerkämpfen und den boshaften Sperber (krahujce zlobného) getötet haben, falls du nur ein mutig Herz und scharfe Waffen hättest. Du Zbyhoň dort auf deiner festen Burg: du hast meine Teuere, viel Teuere ergriffen und entführt auf die Burg, ach! auf die feste Burg! Auf, o Jüngling, breche auf gegen Zbyhoň, du hast ja ein mutig Herz, scharfe Waffen und den schweren eisernen Hammer (těžek železný mlat) dem Zbyhoň damit den Kopf zu spalten.

Zweites Bild.

Gerüstet und mit dem Streithammer auf dem Arme schreitet der Jüngling im Tale durch den dunklen Wald hin zur Burg. Nachts, als alles schon finster war, kam er zur festen Burg. Mit kräftiger Faust schlägt er an das Tor. „Wer ist da?" ruft man von der Burg herab. „Ein irrer Jäger" (lovec). Das Tor wird geöffnet. Er schlägt mit kräftiger Faust an das zweite Tor. Das Tor öffnet sich. „Wo ist der Vladyka Zbyhoň." „Hinter dem grossen Saale!" „Dort also ist der wüste Zbyhoň (vilný), dort weint das Mädchen?" — „Aj! mache dem Jäger auf." Doch Zbyhoň öffnet nicht. Ein Schlag des starken Jünglings mit dem Hammer zertrümmert die Türe, und zertrümmert mit dem Hammer das Haupt dem Zbyhoň. Durch die ganze Burg eilet der Jüngling und schlägt alles nieder (pobi). Bei seinem schönen Mädchen ruhet er bis zum Morgen (leže).

Drittes Bild.

Die Morgensonne dringt durch die Gipfel der Bäume zur Burg, es dringt auch eine neue Freude in das Herz des Jünglings, denn in seinen starken Armen hält er sein schönes Mädchen. „Wessen ist diese Taube?" „Zbyhoň fieng sie ein, mich, so wie sie hielt er in der festen Burg gefangen." „Fliege hin aus der Burg in die Wälder." Sie flog hin und mit ihrem Tauber flog sie von Baum zu Baume und schlief auf einem Zweige mit dem Tauber. Auch das Mädchen wird von Freude ergriffen, frei eilt sie mit ihrem Jünglinge, wohin sie nur will und schläft mit ihrem Geliebten auf einem Lager.

Anmerkung. Das ist ein gar sonderbares Gedicht, das wol an Recensionen späterer Zeit gelitten. Es ist in gegenwärtiger Redaktion in *sechs-* oder *zwölf-silbige* Verszeilen hineingepfercht, die es gewiss ursprünglich nicht hatte. Sechssylbige gäben in den wenigsten Fällen einen relativ abgeschlossenen Sinn für sich, wie altslavische Verszeilen doch sollen, die zwölfsylbigen aber gäben wieder *mehr* als einen *Sinn*, z. B. Já jsem lovec bludný. Otvořie sě vrata (v. 33), Aj! otvoři loveu. Neotvoři Zbyhoň (v. 37). Auch war schwerlich gleich ursprünglich der Vers 13. so lautend: „ty holubče *mutný,* tobě *mutno* samu," eben so der Vers 17 „*a otnese, ach!* u hrad, u hrad *u* tvrdý," da die Wiederholung der Vorwörter (dreimal) sehr kakophonisch wirkt. Etwas ähnliches ist im v. 4 „*s* holubicu drahu *s* milu *s* přemilitku" (was im Text verschrieben wol: přesmilitku lautet. V. 22. lautete nach der Photografie ursprünglich mit dem Genitiv-Accusativ: ti by si byl zabil krahujce zlobného, was neuerer Zeit genial in krahujce žlobný geändert wurde. Eben so erscheint der Ausdruck: *vezdě temno* im 31. Verse sonderbar zu sein, wenn man: bě u hrada tvrda *nocú* liesst, da eben unmittelbar bereits vorausgeht, dass es *nachts* war. Besser ist daher die Leseart (Světozor 1858. S. 170): Bě u hrada tvrda. Nocú vezdě temno, d. i. bei vorgerückter Nacht war äusserlich vor der Burg alles finster, so dass man den Jüngling nicht erkannte. Wäre es jedoch auch *im* Schlosse überall finster gewesen, so hätte der Jüngling wol nicht so rasch vorwärts schreiten und mit einem Schlage das Haupt Zbyhoň's treffen können. — Sonst enthält das Gedicht in sich viel poetisches. Der Naturparallelismus ist gut durchgeführt, die ungenirte Natürlichkeit atmet heidnischen Geist. Manche Sonderbarkeiten lassen sich verteidigen.

1) Dass *krahuj* und *krahujec* als Raubvogel und nicht mehr als heiliger Vogel erscheint, ist an und für sich noch *kein* Beweis, dass das Gedicht im christlichen Zeitalter entstanden, denn auch im Záboj und im Jelen wird ja nicht, und kann auch nicht, im Verhältniss zur *Taube* die reissende Natur des Sperbers geläugnet werden, wie dies z. B. auch beim mythischen Gewittervogel des Zeus nicht geschah, der sogar den Ganymedes in den Krallen gegen den Olymp trug.

2.) Durch die Entgegenhaltung des gefeierten *Sperbers* und des *Vladyken* Zbyhoň soll nur dieser gehoben und zu so einem Priestervladyken gemacht werden, wie es Vojmir war. Es scheint auch in diesem Gedichte keine feste Unterordnung der Vladyken unter den Kněz angedeutet zu sein, wie im Záboj, was nur für die Altertümlichkeit des Gedichtes spräche. Wie Kruvoj die Tochter des Vojmir im Walde gefangen nahm und in der Burg einsperrte, so tat es auch Zbyhoň mit der Děva. Doch Zbyhoň nimmt im Gedichte, wenn man die Sache tiefer anfasst, ganz die Gestalt des mythischen Winterriesen oder Wintergottes an, welcher die jungfräuliche Sommerlichtgöttin gefangen hält, (man vergl. den Vers 47 „věza") und der Jüngling ist wie der junge Frühlingsgott, der sie mit seinen Donnerschlägen befreit. Dieser „junoše" wäre sohin, wenn die mythische Deutung des Gedichtes: „Der Hirsch und der Jüngling" Platz greifen sollte, nur der dort erschlagene, aber wie jede Naturkraft wieder erwachte Jüngling und Zbyhoň dort sein Mörder. Darum kann auch

3.) die feste Burg des Zbyhoň nicht Wundernehmen, denn „Burgen im Walde" sind ja die mythischen Bilder des Wolkenverhüllten Winters, in dem es daher auch „vezdě temno" ist, nur nicht für den Frühlingsgott, der seinen sichern Gang geht. So findet der mythische Standpunkt das notwendig, was der blos nüchterne Standpunkt anzuzweifeln berechtigt ist. Wer die Masse mythischer Erzählungen kennt, die bei allen Völkern zu gewöhnlichen Erzählungen herabgedrückt wurden, wird sich auch über diese Erzählung gewiss nicht wundern, die auch das geschlechtliche Verhältniss, wie es sich mythisch gebürt, hervorhebt: alle Winterriesen halten Jungfrauen gefangen, die bei ihnen traurig sind, ohne dass ihnen jedoch Uebles widerführe, da sie ja eben nur von „Winter-Riesen gefangen" („věza" v. 47) gehalten werden, so dass erst der Frühlingsgott sie als jungfräuliche Bräute heimführt. Auf keinen Fall kann aber: tamo Zbyhoň *vilní* (dort schwelgt Zbyhoň) gelesen werden, da sonst der poetische Reiz der Jungfräulichkeit der Děva schwände, gleichviel ob diese mythisch oder nur natürlich ist. Aber auch wenn man das Gedicht als blosse Erzählung nimmt, und sie in heidnische Zeiten versetzt, ist eine „feste Burg", hrad tvrdý nichts in Böhmen sonderbares, da solcher aus den Bojer- und Markomanen-Zeiten, eben weil diese Völker Böhmen nur militärisch besetzt hatten, in Böhmen genug übrig geblieben waren. Da aber auch die Slaven selbst ihr sociales Leben um feste Burgen herum gründeten, ist die Erwähnung einer Burg, bezugs der Altertümlichkeit des Gedichtes nichts ausschliesliches, eben so wie die Erwähnung des Streithammers allein dessen Altertümlichkeit nicht beweisen würde, da auch die Alexandreis und der Dalemil den mlat noch kennen.

30. O pobitie Polanóv i vyhnanie z Prahy, oder Oldřich und Jaromír (von der Niederlage der Polen und deren Vertreibung aus Prag).

Uiber die historische Grundlage dieses Gedichtes spricht *Palacký* (Dějiny, 1848. I. 1. 285), nachdem auch schon die „ältesten Denkmale" im J. 1841. (I. Bd. der Abhand. der kön. böhm. G. d. W. S. 180) derselben gedachten. Die Einzelnheiten des Vorganges werden jedoch bis jetzt noch verschieden aufgefasst, da das Gedicht in seiner gegenwärtigen Form einige topographischen Unrichtigkeiten darbietet. Man vergleiche nur die Auffassungen von *Tomek* im Musejn 1849. II. S. 20. dann die von *Nebeský*, Musejn. 1852. III. S. 169. 1853. S. 351.; und endlich die Auffassung von *Jireček* im Světozor, 1858. N. 14. S. 106.

Der Zweck und Kern der Handlung besteht darin, die missliebig gewordene polnische Besatzung der Prager Burg durch einen listigen Uiberfall daraus zu vertreiben und Jaromir, den Sohn Boleslav II. wieder einzusetzen, nachdem auch in anderen Teilen von Böhmen die Polenscharen bereits vertrieben worden waren. Wir erwähnten schon oben, dass der von Prag weit entfernte Dichter oder Sammler der Königinhofer Gedichte die Stadt Prag (suburbium) mit der Burg Prag, mit dem jetzigen Hradčany, mengte, auch den Fluss Moldau, mit dem Flüsschen, das etwa die Hradčany ehemals vom Pohořelec durch den Burggraben trennte, identificirte. Noch auf Sadeler's Prag vom J. 1606 sieht man unter Nr. 10. die Gräben der porta arcis, wo die verabredete Handlung mit dem Hirten beginnen konnte. Dem Gedichte fehlt der Anfang, da es das erste in der Sammlung der K. H. steht.

Erstes Bild.

(Oldřich begab sich) in den Schwarzwald (am Petřín, Laurenziberg) dort, wohin auch sieben Vladyken mit ihren Scharen sich versammelt hatten. In tiefer Nacht eilt voll Sehnsucht der Vladyke Výhoň Dub mit ihm hin, der hundert treuergebene und scharfbewaffnete Männer anführte. Als alle mitten im Walde bei den Andern ankamen, reichten sie sich ringsum die rechten Hände und flüsterten im stillen miteinander. Inzwischen war die Nacht über die Mitternacht gewichen und genahet dem Morgengrauen. Da sprach Výhoň zum Fürsten Oldřich: Dir gab Gott (bóh) Körper- und Geisteskraft, du sei unser aller Anführer gegen die bösen Polen. Deinem Worte nach werden wir folgen, rechts oder links, vor oder zurück in alle wilden Kämpfe. Auf! rege werde der Mut in den kühnen Herzen. Ajta! da ergreift mit starker Hand der Fürst die Fahne und „mir nach, mutvoll gegen die Polen" rufend „gegen die Feinde unserer Heimat," eilt er mit allen acht Vladyken und ihren drei Hunderten und dem halben Hundert tapferer Mannen gegen den Ort, wo die Polenscharen noch im Schlafe zerstreut herum lagen. Als sie aus dem Walde herausgetreten waren, aj, da lag ganz Prag ruhig noch im Morgenschlummer, die Vltava rauchte vor Morgennebel und hinter Prag, hinter den blauschimmernden Bergen begann der graue Ost aufzuleuchten. Sie eilen (vom Petřín) herab: überall ist noch alles tiefstill, im stillen Prag bergen sie sich vorsichtig und bergen auch die Waffen unter ihren Gewändern.

Zweites Bild.

Da geht, noch im Morgengrauen, ein Hirte, und ruft, dass ihm erhoben werde die Torwehre. Die Wache vernimmt das Rufen des Hirten und öffnet ihm die Torwehre (über die Vltava, sagt die Handschrift, stat: über den Wassergraben der Burg). Der Hirt betritt die Brücke und blaset laut. Da springt der Fürst hin auf die Brücke, hinter ihm sieben Vladyken, jeder eilends mit allen seinen Mannen. Donnernd ertönen die Trommeln, die Trompeten ertönen dröhnend, die Fahnen mit allen Mannen stürzen auf die Brücke und die Brücke erzittert unter dem Drängen der Schaaren. *Strach* wirft sich auf alle Polen. Aj! wie sie da zu ihren Waffen eilen, aj! wie die Vladyken da Hiebwunden schlagen: die Polen aber eilen hierhin, dorthin, bis sie im Schwall über die Burggräben zur Hinter-Pforte drängen weithin, weit vor den tapferen Hieben.

Drittes Bild.

Aj! Gott verlieh den Sieg. Eine Sonne erhebt sich am gesammten Himmel, ein *Jarmir* steht wieder über dem ganzen Lande. Freude verbreitet sich über ganz Prag, sie verbreitet sich rings um Prag, und sie fliegt vom erfreuten Prag über das ganze Land, ja über das ganze Land.

31. O pobitie Sasikóv (von der Niederlage der Sachsen) oder Beneš Heřmanóv.

Hier sind wir bei einem Gedichte angelangt, wo der Dichter Gegend und Begebenheit aus unmittelbarer Erfahrung genau kennt, sohin richtig alles ins einzelne zeichnet und malt, denn, wie schon oben angedeutet wurde, war der Dichter oder doch der letzte Sammler der K. H. wol wirklich in dem ehemaligen Fürstensitze *Chvojnov*, später Dvůr Králové oder Königinhof genannt (H. *Jireček*: über die Oertlichkeiten der Kön. Handschrift. Slovenské noviny, Světozor 1856. Nr. 106. S. 71. — *Komárek*, Památky arch. 1867. 14. Jhrg. 1. H. Dějiny Králové Dvora. Prag. 1867.). Wärend Jaromir im J. 1004 zum zweitenmal über Böhmen zu herrschen begann, fällt die zu schildernde Begebenheit zwei Jahrhunderte später, ins J. 1203 nämlich. *Palacký*, Dějiny. I. 2. S. 115. *Nebeský*, Musejn. 1852. III. S. 170. IV. S. 165. 1853. S. 367. *Jireček*, Světozor, 1858. S. 106.

Erstes Bild.

Aj! du Sonne, liebe Sonne, bist auch du betrübt? warum leuchtest du auch uns, uns so elend gewordenen Leuten. Wo ist unser Fürst, wo unser bewaffnet Volk? Weit bei Otto (IV. von Baiern)! wer wird verlassenes Vaterland uns den Räubern entreissen? Denn im langen Zuge zogen die Deutschen, welche Sachsen sind, über die alten Görlizer Gebirge her in unsere Landschaften. Ihr Armen, gebet nur, gebet euer Silber und Gold, ja euere Waaren her, dann brennen sie nieder euere Höfe, euere Hütten! Ja, alles haben sie uns ausgebrannt, Silber und Gold weggenommen, die Heerden hatten sie uns weggetrieben und sind dann weiter bis gegen die Trosky hin gezogen.

Zweites Bild.

Ihr Landleute (kmetie) trauert nicht mehr, trauert nicht, seht euer Gras erhebt sich wieder, das so lange durch fremden Huf niedergetreten ward. Aus Feldblüten windet Kränze euerem Befreier, die Herbstsaat grünt schon, alles änderte sich gar schnell. — Ajta! Beneš, des Hermans Sohn, lud das Volk heimlich zusammen gegen die Sachsen, es hatte sich das Landvolk (kmetští ludé) im Walde unter Hrubá-Skála (Gross-Skal) zusammen gerottet, doch als Waffe haben sie nur die Flegel ergriffen gegen ihre Räuber. Da reitet Beneš, Beneš vor dem gesammten aufgeregten Volke. Rache! ja Rache! ruft er, allen plündernden Sachsen. Ajta! da werden Freund und Feind von grauser Wut ergriffen, das Innere der erbosten Männer wühlet die Wut auf: es lodern die Blicke beider Seiten furchtbar gegen einander auf und Keulen über Keulen erstehen, so wie Speere über Speere.

Drittes Bild.

Wie wenn ein Wald gegen einen andern sich erhöbe: so werfen sich beide Heere gegen einander. Der Abglanz der Schwerter ist gleich dem Glanze des Gewitters (hronia) am Himmel: ein furchtbares Aufschreien ertönt, welches das gesammte Wild aus dem Walde und alle Vögel des Himmels bis zum dritten Berge hin verscheucht. In allen Tälern wiederhallt von den felsigen Höhen her hier das Getöse der Keulen, dort das der Schwerter, ähnlich wie wenn man altgewordene Bäume fällte. Und beide Heere stunden sich entgegen ohne zu weichen, fest gestützt auf den

Fersen und den strammen Waden. (Hier ist ein Widerspruch der Schilderung, denn kämpfende Scharen können nicht stehen fest gestützt auf den Fersen und strammen Waden.) Da wendet sich Beneš in die Höhe empor; er schwenket das Schwert gegen die rechte Seite: da drängt sich die kräftige Menge rechts hin; er schwenket dann das Schwert nach links und auch dahin stürmt die Menge. Zugleich werfen sich auch von rückwärts die Mengen gegen den Steinbruch und schleudern alles Gesteine gegen die Deutschen. Der Kampf zieht sich so vom Berge hin gegen das Tal: die Deutschen mussten da stöhnen, die Deutschen mussten fliehen und erschlagen werden.

Anmerkung. Die historische Grundlage des Gedichtes findet man in Palacký's Dějiny I. 2. S. 115. Wärend im *Záboj* die Deutschen noch *cuzi* d. h. ursprünglich *tjudi* (vergleiche thiuda, Volk) genannt werden, erscheinen sie hier schon mit dem jetzt allgemeinen Namen der Deutschen, als *Němci* und zwar zugleich specificirt als *Sachsen*, Sasici, *nicht* aber etwa Sachsen, *die in* den *Görlizer* Gebirgen der Oberlausitz wohnen, denn darin waren damals nur Sorbenwenden, sondern Sachsen, die aus der Richtung oder Gegend der Görlizer Berge herkamen. *Hory* heissen an und für sich und ursprünglich *nur Gebirgswälder*, nicht kahle Gebirge, so dass *dřevný* hier eher *uralt*, als *waldig* bedeutet. Das Wort *Görliz* ist nur das verdorbene slavische Zgořelice, Zhořelice, was eine Brandstätte, einen Brandort bedeutet. *Trosky* sind die bekannten Burg- und Felsen-*Trümmer*, denn das bedeutet das Wort trosky, mit den mythischen Namen ihrer beiden äussersten Felsenhöhen: *Baba* und *Děva* genannt, die auf ehemalige angesehene Heiligtümer weisen, da sich in der slavischen Mythologie die genannten mythischen Gestalten zu einander verhalten, wie etwa Ceres zur Proserpina. — Die *Ordnung der Verse* scheint jedoch in unserem Gedichte durch einen unaufmerksamen Abschreiber gestört zu sein. Denn hinter den Vers 48. vstanu kyji nad kyje, kopie nad kopie scheint gleich Vers 61. kommen zu sollen: tako stasta obě straně und zwar bis zum Verse 73 jde pótka z chluma v rovňu, worauf erst Vers 49. kommen sollte: srasistě *tu* („v rovňu") obě straně bis zum Verse 60. jak kot velkých dřev, worauf erst Vers 74. i by Němcóm úpěti kommen sollte. Dann wäre der Ideengang in der Uibersetzung folgender:

Drittes Bild.

So stunden beide Seiten regungslos einander gegenüber, fest gestützt auf den Fersen und strammen Waden. Da wendet sich Beneš von der Höhe zu den Seinen, winket mit dem Schwerte nach rechts: dorthin wälzet sich eine starke Masse, er winket nach links und auch nach der linken Seite stürmt eine starke Menge: (er rufet:) „von rückwärts nach dem Steinbruche hin" und auch vom Steinbruche wälzet man alle Steine gegen die Deutschen. Nun bewegt sich aber die Schlacht von den Höhen gegen die Ebene hin. Hier stossen beide Seiten an einander, wie wenn ein Wald gegen einen andern sich erhöbe. Der Glanz der Schwerter ist gleich dem Blitze des donnernden Gewitters: ein furchtbares Aufschreien ertönt, welches alle Waldtiere und alle Vögel des Himmels bis zum dritten Berge hin verscheucht. Das Getöse der Keulen hier, dort das Getöse der Schwerter wiederhallt von den Felsenhöhen in allen Tälern, wie wenn man altgewordene Bäume fällte.

Und da mussten stöhnen die Deutschen, die Deutschen mussten fliehen, sie mussten erschlagen werden.

Diese Umstellung der Verse scheint *notwendig* zu sein, da bei der jetzigen Aufeinanderfolge zwischen den Versen 60. u. 61. d. i. zwischen der Beschreibung der regen *Schlacht* und der ruhigen *erwartenden* Stellung ein *offenbarer Widerspruch*, so wie dazu noch zwischen den Versen 73. und 74., nämlich zwischen den Sätzen: „Und die Schlacht bewegt sich von den Höhen in die Ebenen“: „und die Deutschen mussten stöhnen“ gewiss wenig Zusammenhang ist, sondern eben die schon vorangehende *Schilderung der Schlacht* erheischt, wornach erst die Deutschen zu fliehen genötigt werden. Vergl. Sitz. Ber. d. kön. böhm. G. d. W. 1867. 29. Juli. Wir sprachen von *Versabteilungen* u. zw. wie sie in Ausgaben von *Safarik-Thun* und *J. Kořínek* vorkommen, zweifeln aber gewaltig, mag nun die eben vorgeschlagene Aenderung gebilligt werden oder nicht, dass sich ein so gekünsteltes unslavisches Metrum (Strophen zu 4 Versen, wovon der erste *acht*, der 2. und 3. *sieben*, der 5. Vers aber *fünf* Sylben zählen soll) in der Tat im böhmischen Altertume nachweisen liesse. Welcher alte Slave hätte wol einen Vers gemacht wie: cuziem kopytem — protiv Sasíkóm — protivo vrahóm — kopie nad kopie udgl. das klingt ja wie die Endverse der Hexameter! Müssten jedoch die Versabteilungen bleiben, dann müsste allerdings auch der V. 73 beim 74. Verse bleiben und nur die Verse 61.—72. würden eingeschoben werden.

32. Von dem Festeszweikampfe (o slavném sedanie) oder Lubor und Ludiše.

Erstes Bild.

Vernehmet ihr Alten und ihr Jünglinge von den Zweikämpfen, ja von den Zweikämpfen zu Pferde. Es gab einst einen Fürsten hinter der Elbe, ruhmesvoll, reich und tapfer, der hatte eine einzige Tochter, ihm und allen anderen lieb. Dies Mädchen war wunderbar lieblich, ihr Leib war schön gewachsen, das Antliz hatte sie sehr weiss, doch an den Wangen blüte die Röte, die Augen waren wie der klare Himmel und über ihren weissen Nacken wallen goldglänzende Haare zu Ringen gekräuselt. — Aj, da befahl einst der Fürst dem Boten: alle Herren möchten sich versammeln auf der Burg zu grossen Festlichkeiten. Als nun der bestimmte Tag heran gekommen war, da versammelten sich aus fernen Landen, aus ferner Heimat all die Herren hieher, auf der Fürstenburg zu diesen Festen. Der Schall von Trompeten und Pauken ertönet.

Zweites Bild.

Die Herren (páni) eilen hin zum Fürsten, sie verneigen sich da vor dem Fürsten (knězu), der Fürstin (knění) und vor der lieblichen Tochter (dceři). Zu überlangen Tischen setzen sie sich ein jeder einzelne nach seiner Geburt. Da trug man ansehnliche Speisen auf (oder Wildbraten?), man trug auf Honiggetränke: da ward das festliche

Mal laut, da ward das festliche Mal ruhmvoll. Kraft verbreitete sich in allen Gliedern und reger Sinn verbreitete sich über jedes Gemüte. — Bei dieser Gelegenheit sprach der Fürst zu den Herren: Ihr Männer! es bleibe euch nicht verborgen, aus welchen Gründen ihr euch versammelt. Edle Männer, ich möchte erfahren, welche aus euch die tüchtigsten seien: weise ist es wärend des Friedens an den Krieg zu denken und stäts haben wir die Deutschen (Němci) zu unseren Nachbarn. So sprach der Fürst. Die Stille wird unterbrochen, von den Tischen stehen auf die Herren, sie verneigen sich da vor dem Fürsten, der Fürstin und vor der lieblichen Tochter. Pauken und Trompeten höret man wieder.

Drittes Bild.

Alles rüstet sich zum Pferde-Zweikampfe dort vor der Burg auf der weiten Wiese. In der Höhe am geschmückten Balkone sass der Fürst mit den Starosten, sass die Fürstin mit den Edelfrauen (zemankami) und Ludiše mit den Jungfrauen (děvicemi). Da verkündete der Fürst seinen Grundbesitzern (zemanóm): Die da die ersten zum Zweikampfe wollen, die bestimme ich als Fürst selbst. Da ruft der Fürst den Střebor und Střebor nennt den Ludislav. Beide setzten sich zu Pferde, ergriffen Schafte von Holz mit scharfer Spitze, jagten hastig gegen einander, kämpften so lange mit einander, bis beider Schafte zerbrachen und beide gleich ermüdet aus der Kampfbahn traten. Es erschallen die Töne der Trompeten und Pauken.

Viertes Bild.

Da verkündet der Fürst seinen Grundbesitzern: Welche die *zweiten* zum Zweikampfe wollen, diese mag die Fürstin bestimmen. Die Fürstin ruft den Srpoš und Srpoš nennt den Spytibor. Beide setzten sich zu Pferde und ergriffen die hölzernen Schafte mit scharfer Spitze. Srpoš jagt gegen Spytibor hin und hebt ihn aus dem harten Sattel. Behende springt er selbst vom Pferde. Beide ziehen ihre Schwerter: Hieb auf Hieb fällt auf die schwarzen Schilde und aus den schwarzen Schilden springen Funken hervor. Spytibor schlägt da gegen Srpoš, Srpoš fällt zur kühlen Erde. Doch beide sind so ermüdet, dass sie aus der Kampfbahn traten. Es erschallen die Töne der Trompeten und Pauken.

Fünftes Bild.

Da verkündet der Fürst seinen Grundbesitzern: Welche die *dritten* zum Zweikampfe wollen, diese mag die Fürstentochter (kněžna) bestimmen. Die Fürstentochter ruft den Lubor und Lubor nennt den Bolemir. Beide setzen sich zu Pferde, beide griffen zu hölzernen Schaften mit scharfen Spitzen, eilends jagten sie in die Bahn, stellten sich zielend gegen einander auf und stiessen mit den Speeren gegen einander. Bolemír stürzt vom Pferde, der Schild flog weit von ihm und Knechte trugen ihn aus der Bahn. Es erschallen die Töne der Trompeten und Pauken.

Lubor ruft nun den Ruboš. Ruboš springt behende auf das Pferd und jagt scharf gegen Lubor. Lubor hieb ihm den Speer mit dem Schwerte durch und bringt ihm gewant einen Schlag auf den Helm bei, so dass Ruboš rücklings vom Pferde fällt. Knechte tragen ihn aus der Bahn. Es erschallen die Töne der Trompeten und Pauken.

Lubor ruft nun zu den Grundbesitzern: Die gewillt wären, sich mit mir zu schlagen, mögen hieher in die Bahn reiten. Eine Unterredung unter den Herren beginnt, Lubor harret auf der Bahn. Zdeslav sucht hervor einen langen Schaft und auf diesem ist der Kopf eines Auers. Zdeslav springt auf einen jungmutigen Hengst und spricht in hochmütigen Worten: Der Urahn schlug nieder einen wilden Auer, das Väterchen verjagte der Deutschen Schaaren, Lubor wird meine Tapferkeit erfahren. Und da jagten sie gegen einander, stiessen mit den Köpfen in einander, aj! beide fielen von den Pferden. Da griffen behende beide zu den Schwertern, kämpften zu Fusse, schwangen rührig mit den Schwertern, rings um sie wiederhallten die Schläge. Lubor nähert sich ihm seitwärts, hauet gewaltig ihm in den Helm, der Helm zerspringt in Stücke, mit dem Schwerte schlägt er noch einmal gegen dessen Schwert, aber das Schwert fliegt über die Bahn hinaus, Zdeslav wirft sich zur Erde. Es erschallen die Töne der Trompeten und Pauken.

Sechstes Bild.

Die Herrenschaften (panstvo) umringen den Lubor und führen ihn vor den Fürsten, vor die Fürstin und vor Ludiša. Ludiša setzt ihm den Kranz auf, einen Kranz aus Eichenblättern. Es erschallen die Töne der Trompeten und Pauken.

Anmerkung. Dies Gedicht hat etwas Fremdartiges, ja Rauhes an sich, zum Teile auch gar viel Unschönes. Der Fürst hinter der Elbe, oder der Fürst *Zalabský*? geht mit „seinen Grundbesitzern" (zemané) um, wie mit einfachen Mannen, er befiehlt und sie wirken, er zieht die Maschine auf und sie wird in ihrer Art wirksam. Auch Widersprüche finden sich vor: „welche die Ersten *wollen* zu dem Kampfe, die *bestimme* ich, der Fürst selbst" (V. 54. 55.). Dieser Widerspruch wiederholt sich dazu einigemal (V. 66. 84.). Wie hart und schal sind Lubors Worte (V. 106. 107): „die sich mit mir schlagen wollen, die müssen hieher auf die Bahn reiten" Syntaktisch macht der Mangel fast aller Partikel den Satzbau sehr eintönig, ja mechanisch. Wärend man im Gedichte *Beneš* Heřmanov schon Strophen zu vier Zeilen finden will, wovon die erste Zeile 8-, die zweite und dritte 7, die vierte aber 5-sylbig ist, geht das Gedicht „o sedaní" nur in zerhackten 8-sylbigen Zeilen vor sich, welche strophenartig nur durch das Getöne der Pauken und Trompeten unterbrochen werden. Man siehe über das Gedicht, welches einer der Hauptangriffspuncte Fejfalik's war, der darin irrig ein Zerrbild der *Turniere* (klánie) sah, wärend es das nationale Vorbild derselben, d. i. das Bild des Zweikampfes zu Pferde (sědaní) ist. *Nebeský*: Musejn. 1852. IV. S. 165. 1853. S. 384. — *Jireček*: Světozor 1858. Nro. 19. S. 149. Echtheit, S. 122. Wie dies Gedicht das letzte ist in der Sammlung der historischen Lieder der K. H., so ist es wahrlich auch das letzte nach dem Gehalte seiner Poesie: seine formelle Ungeschlachtheit ist entweder ein Zeichen seiner *Altertümlichkeit* oder aber schon des Verfalles nationaler Poesie. Wir würden für das erstere stimmen, dazu bestimmt uns die Einfachheit, ja, langweilige Einförmigkeit der inneren Momente, da es fast alle möglichen Vorfälle beim Pferdezweikampfe besingt, dafür die Ausdrücke: jedenie *divá* (V. 2<), pitie *medná* (V. 29), z *kakých* příčin (V. 36. Jaroslav nennt schon stat kako jako), vezdy nám súsědě *Němci* (V. 40. im 13. Jh. würde wol niemand in Böhmen so gesprochen haben, da das Deutschtum wenigstens in das *Centrum* von Böhmen förmlich hereingezogen wurde), praděd zbi *diva tura* (V. 114), otčík zahna *Němcev sbory*, mein Väterchen vertrieb der *Deutschen* Schaaren, mein Urahn erschlug einen wilden *Auer* (V. 115.); das Wort *helm* statt des slavischen šlem erinnert allerdings an deutschen Einfluss, allein wir haben ja nicht das Original, sondern eine Abschrift vor uns. Vgl. jedoch auch *Komárek's Aphorismen aus der K. H.* in den Prager Památky archaeologické 14. Jg. 1. Heft. 1867. Ludiše u. Lubor.

33. Das Mädchen und der Gukuck.

Erstes Bild.

Im weiten Felde steht eine junge Eiche (dúbec), auf der jungen Eiche klagt weinend der Gukuck (žežhulice, im Slavischen weiblich), dass der Frühling nicht ewig dauere. (Es war jedoch kein Gukuck, es war ein Mädchen, dass ewig schön und frei bleiben wollte).

Zweites Bild.

Gäbe es einen ewigen *Frühling*, wie würde da das junge Getraide am Felde je reifen, gäbe es einen stäten *Sommer*, wie würde da der Apfel im Garten je reif, gäbe es einen stäten *Herbst* (jeseň), wie durchfrören die Aehren im Schober? — Wie würde dem Mädchen bange werden, das immer Mädchen (sama) bliebe?

Anmerkung. Obwol die Sprache des Gedichtes Spuren des 13. Jh. an sich trägt, reihen wir es doch vor die anderen kleinen Gedichte, weil wir die ursprüngliche Grundlage desselben für eine *mythische* halten. In der Tat ist für die Natürlichkeit aller Lieder der K. H. der Wunsch eines Mädchens, stäts Mädchen bleiben zu wollen — ohne eine mythische Grundlage anzunehmen — unerklärlich. Es scheint jedoch unter der děva, dem Mädchen, die *Dieva* (Dzieva, „Siwa") die Götterjungfrau gemeint zu sein, welche dem polnischen Chronisten Prokoš gemäss jährlich in einen Gukuck sich zu verwandeln pflegte. Siehe über sie die „Děva zlatovlasá" (Prag, 1860, S. 8. 38 im Separatabdrucke), S. 266. (im Actenbande) und zugleich die Sitzungsberichte der kön. böhm. G. d. W. zu Prag, 1865. 19. Juni. — Květ: aesthetický rozbor R. K. 1861. 152. 153. — Die Jungfräulichkeit der Pallas (Athene), des griechischen Gegenbildes der (slavischen) Děva, Dievica (beim Chronisten Siva

stat Dsiva, Dzieva) ist sattsam bekannt, obwol diese Art mythischer Jungfräulichkeit einen ganz andern Sinn hat und darum auch nicht absolut ist, als
wie eine klösterliche Jungfräulichkeit. Diese mythische Grundlage würde
dies Lied gut eignen zu den religiösen Gebräuchen einer Hochzeit. Von den
Jahrszeiten ist jaro, léto und jeseň genannt, die vierte Jahrszeit, zima, ist
aber durch den Ausdruck: kakby *mrzli* klasi v stožě angedeutet. Der Form
nach hat das Gedicht einen schönen trochäischen Rhythmus, doch zwingt man
es auch in acht- und siebensylbige Zeilen, und zwar unslavisch, wenn man
z. B. an den auch relativ unabgeschlossenen Vers: „na dubci žežhulice" denkt.

34. Der Jüngling und das Mädchen.

Erstes Bild.

Meine Geliebte pflückte im Föhrenwäldchen Erdbeeren. Da
verletzte sie ihr Füsschen an einem scharfen Dornstrauche. Sie
konnte nicht auf das Füsschen auftreten. Du Dorn! du scharfer
Dorn wirst ausgerodet werden aus dem Wäldchen, da du dem
Mädchen Schmerz verursachtest; du aber, Liebe! verweile etwas in
dem schattigen Föhrenwäldchen bis ich mein weisses Rösslein von
der Wiese hole.

Zweites Bild.

Das Rösslein weidet im dichten Grase, das Mädchen harrt
des Geliebten im schattigen Wäldchen. Ein leiser Vorwurf steigt
in ihr empor: Ach ich unglückliches Mädchen (roba), was (sie)
wird die Mutter sagen, die mir immer rät, vor Jünglingen sich zu
hüten! Warum sich aber auch hüten vor so guten Menschen.

Drittes Bild.

Da kam ich an zu Pferde, das weiss wie Schnee war. Ich
sprang herab. Mit dem silbernen Zaume band ich es an einen
Ast fest. Ich umarmte das Mädchen, drückte es ans Herz, küsste
es und sich! das Mädchen vergisst den Schmerz. Es war uns so
wol, es war uns so lieb, doch da ist die Sonne schon nah dem
Untergange. Lieber! reite eilends nach Hause, die Sonne beginnt
uns zu untergehen. Ich sprang behende auf das Rösslein weiss
wie Schnee, und nahm die Liebe in die Arme, ritt mit ihr nach Hause.

Anmerkung. Man teilt die Worte dieses Gedichtes in acht- und sieben-
silbige Verszeilen, ja sogar in Strophen ein. Doch das ist alles noch fraglich, da sodann die erste Strophe sechs- die andere vierzeilig wären, auch
einzelne Wörter, z. B. i-de oder jde, za-dři-e-še oder za-dři-še verschieden
syllabirt gedacht werden können. Wir würden es in Langzeilen lesen: Jde
má milá na jahody na zelenú borka — zadřieše si ostre trnie v bělitku no-
žieu u. gl. Die alte Verskunst verträgt satzlose d. i. gedankenlose Verszeilen
nicht, wie z. B. v zelenē borecič — po tichúnku v borčě — za střiebrnú

uzdu u. dgl. Inhaltlich ist das Gedicht ein liebes Gemälde zwar schüchterner, aber naiv sinnlicher Liebe. Der Liebende mit seinem schneeweissen Pferde trägt das Gepräge eines Götterjünglings, das 'Mädchen einer märchenhaften Schönen und die Erdbeeren, wie gewöhnlich in den Märchen, das Gepräge roter Blitzfunken an sich; bekanntlich geht auch in den slavischen Märchen das Mädchen auf Erdbeeren in den Wald oder wird um Erdbeeren geschickt (Květ: Aesthetický rozbor K. R. 1861. str. 148. Slovenské pohádky od Bož. Němcové. 1857. str. 296 o 12 měsíčkách).

35. Die Rose und das Mädchen.

Erstes Bild.

Ach du Rose, schöne Rose, warum blühest du so frühzeitig (jetzt ?) auf: der Frost ergriff dich, du welktest hin und welk fielst du ab. — Abends sass ich, sass gar lange, sass bis zum Hahnengesange und doch harrte ich vergebens, alle Späne und aller Kien war schon verbrannt.

Zweites Bild.

Da schlief ich ein. Im Traume träumte mir armen, dass mein Goldring der rechten Hand entgleite, dass auch der Edelstein herausfalle. Ich erwachte. Den Edelstein fand ich nicht, denn auf meinen Geliebten hatte ich vergeblich gewartet.

Anmerkung. Es ist fraglich, ob im Texte *ranie* (früh, frühzeitig oder *nynie* (ninie) jetzt, gelesen werden solle, da der Sinn und die verwischte Schreibweise beides möglich macht. *Nynie*, das jetzige nyni, würde auf ein *Herbstlied* deuten, dass besser zum zweiten Bilde passte. Die vielen verbrannten Späne und Kiene deuten gleichfalls auf lange Herbstnächte. Liesst man *ranie* (ranč), dann schildert das Gedicht eine vorzeitige Liebe, liesst man *nynie*, so ist es ein Bild unbefriedigter Liebe. Natürlich muss man bei dem Bilde der Rose nach slavischem Gebrauche hinzudenken : doch es war keine Rose, sondern ein Mädchen, das gerade zur Unzeit blühte. Wie nach abgestreifter mythischer Farbe das Mädchen (N. 34) ein Bild glücklicher Liebe schildert, so ist dieses ein Gemälde unbefriedigter Sehnsucht. Vgl. Čelakovský národní písně, I, 122. 123. III. 132. 229. — Štur, S. 45. 72. Uebrigens trägt das Gedicht, wie wir es vor uns haben, deutliche Spuren bedeutender Umarbeitung auf sich : denn die verbalen jüngeren Formen, wie rozkvetla, opadla, smekl, svlekl passen gar nicht zu den älteren : seděch, sežžech, nedoždech u. dgl. Nur gezwungen lässt es sich auch in sieben- und acht-zeilige Verssylben unterscheiden. Uns will bedünken, dass auch hier ursprünglich in Langzeilen gelesen wurde. denn Verszeilen wie : „na pravej ruče s prsta" — „jako by mně, nebožce" sind wie gesagt gewiss nicht ursprünglich, da sie keinen relativ einheitlichen Sinn in sich einschliessen.

36. Der Blumenstrauss und das Mädchen.

Erstes Bild.

Ein Lüftchen weht aus den fürstlichen Wäldern : ein liebes Mädchen eilt zu dem Flusse, schöpft Wasser in die beschlagenen

Eimer. Ein Sträusschen (kytice) schwimmt auf dem Wasser hin zu dem Mädchen, ein Sträusschen aus Veilchen und Rosen. Das Mädchen bemüht sich, das Sträusschen zu haschen: sie fällt, ach! sie fällt in das kühle Wasser.

Zweites Bild.

Wenn ich wüsste, ihr schönen Blumen, wer euch pflanzte in das fruchtbare Erdreich, dem gäbe ich dies goldene Ringlein: wenn ich wüsste, ihr schönen Blumen, wer euch mit weichem Baste zusammenband, dem gäbe ich die Ziernadel aus den Haaren; wenn ich wüsste, schöner Blumenstrauss, wer dich auf kühlem Wasser hierher liess, dem gäbe ich mein Kränzchen vom Kopfe.

Anmerkung. Das Anfangsbild vom Lüftchen aus den fürstlichen Wäldern ist wiederum der slavische Tropus des Naturparallelismus: kein Lüftchen war es nämlich, sondern der Gruss eines Jünglings aus den (dem Dichter so bekannten) fürstlichen Wäldern des alten Fürstensitzes von Chvojnov, mitgeteilt durch das Sträusschen. Das Mädchen weiss auch recht gut, dass es eben ihr gelte, sie hascht nach dem Sträusschen und fällt dabei in das Wasser. Doch erreicht sie ihren Zweck und spricht dann den Blumenstrauss schalkhaft an, als ob sie nicht wüsste, von wem er käme. *Göthe* veränderte daher ganz den Charakter dieses Gedichtes, als er das Moment des ins Wasserfallens an das Ende desselben setzte, denn aus einem neckischen Zufall machte er einen Furcht erregenden Unfall, der dem heiteren Tone des Ganzen nur zum Abbruche gereicht. Wenn das Mädchen den Blumenstrauss so freundlich anspricht, dann ist er auch schon in ihrer Hand und damit jede Gefahr vorüber. Gerade der Fall in das Wasser zeigt die grosse Neigung des Mädchens zum Urheber des Blumengrusses, indem sie die Wassergefahr nicht achtend, ja den Fall ins Wasser gleich vergessend, in der neckischen Gradation Ring und Ziernadel dem zurückgeben will, von dem sie diese Liebesmale wol empfangen, indem sie sich demselben ohnehin ganz hingeben will. Setzt man den Sturz ins Wassers an das Ende des Gedichtes, so würde man fast komisch, indem man das Mädchen zu dem ihr enteilenden Sträusschen sprechen liesse, abgesehen davon, dass man mit trauriger Prosa die heitere Poesie enden würde.

37. Das Mädchen und die Miletiner Wälder.

Erstes Bild.

Ach, ihr Wälder, ihr dunklen Miletiner Wälder, warum grünet ihr im Sommer und Winter so gleich. Auch ich würde gerne mit dem Weinen aufhören und mein Herz nicht so betrüben. Aber sprechet, ihr guten Leute, wer würde hier nicht weinen?

Zweites Bild.

Wo ist mein Väterchen, mein liebes Väterchen. Begraben ist er in dem niedrigen Grabe. Wo ist meine Mutter, meine gute

Mutter? Junges Gras wachset auf ibr. Brüder und Schwestern
habe ich nicht: den Jüngling nahmen sie mir.

Anmerkung. Die grünenden Miletiner Wälder sind hier wol die Na-
turrepräsentanten der stets heitern „guten Leute" dieser Gegend des Riesen-
vorgebirges und das Gedicht muss auf ein uns unbekanntes Factum sich
gründen, das eine Aufforderung zur Heiterkeit an das Mädchen stellte. „Den
Jüngling nahmen sie mir," auch dieser Gedanke basirt sich auf ein uns unbekanntes Factum, denn wer sind diese „*sie* nahmen" (vzechn)? und wozu?
nahmen sie ihn. Der Form nach findet man in dem Gedichte einen Wechsel
von acht- und sechs sylbigen Zeilen, muss aber zu manchen Künstlichkeiten
greifen, die nicht altertümlich erscheinen z. B. man muss *moje* wie *moj'*
lesen, die Zeilen: „a řeknětc dobřie ludie, kdo by neplakal zdě" haben dazu
keinen Versrhytmus. Das vorangehende Gedicht aber nennt man in zehn-
sylbigen Zeilen geschrieben, die zweite Zeile aber: „běže zmilitka ku potoku"
zählt jedoch nur neun Sylben.

38. Das Mädchen und die Lerche.

Erstes Bild.

Ein Mädchen jätet Hanf im herrschaftlichen Garten. Eine
Lerche frägt sie, warum sie so klage. Wie könnte ich froh sein,
du kleine Lerche: sie führten ja meinen Geliebten fort auf die
kleine Burg von Stein.

Zweites Bild.

Hätte ich ein Federchen, schrieb ich ein Briefchen, du kleine
Lerche, du würdest damit hinfliegen. Ich habe jedoch weder Feder, noch ein Schreib-Häutchen (da), worauf ich ein Briefchen
schriebe. Erfreue den Teueren durch den Gesang: dass ich hier
vor Trauer schmachte.

Anmerkung. Auch hier sind unbekannte Tatsachen vorauszusetzen.
Vielleicht ist hier dasselbe Mädchen (děva) gemeint, wie im vorangehenden
Gedichte. „Panský sad" die Pflanzung des Herrn, könnte auch herrschaft-
licher Garten übersetzt werden, wenn man wüsste, was „Herrschaft" hier be-
deute, da doch wol nicht an feudale Verhältnisse der spätern Zeit gedacht
werden darf. Ist noch etwa von der Zeit der Markomannenherrschaft im
Gedichte eine Spur zurückgeblieben, sammt der gemauerten Burg,
der Burg von Stein? -- Die Lerche „*skřivanek*" ist im böhmischen männlich.
Es muss nicht angenommen werden, dass das Mädchen selbst schreiben konnte,
sondern dass sie nur wusste, zum Schreiben sei Feder und Pergamen nötig.
Nimmt man im Gedichte Strophen von vier Zeilen an; so ist die erste und
dritte *sieben-* die zweite und vierte sechs-sylbig: dann aber gelten Zeilen wie
„u panského sada, u kamenný hradek" obschon sie keinen relativ abgeschlossenen Satzsinn geben, doch für alte Verse.

Unmittelbar an dies Gedicht schliessen sich im Texte die
Worte: „*zakrakocie v hradě vr(ána)*", „es kräht in der Burg eine
Krähe," als Anfang eines neuen Gedichtes, dessen Fortsetzung je-
doch zu Grunde gieng.

39. O velikých boiech křesťan s Tatary (von den grossen Kämpfen der Christen mit den Tataren) oder Jaroslav.

Erstes Bild.

Ich verkündige euch eine sehr berühmte Sage von grossen Kämpfen, wilden Schlachten. Werdet ruhig und sammelt all eure Aufmerksamkeit, bleibt ruhig und eurem Gehöre wird Wunderbares geboten werden.

In der Heimat, wo Olomúc der Anführer ist, gibt es einen nicht gar hohen Berg, nicht hoch, Hostainov ist sein Name, die göttliche Mutter (máti božia, die Mutter Gottes) wirket alldort Wunder.

Lange waren unsere heimatlichen Länder im Frieden, lange blüte der Wohlstand unter den Leuten, ehe vom Aufgange in den Ländern ein Sturm entstand, und zwar der Tochter des Tataren-Chames halber, welche *Christenleute* der Edelsteine, Perlen und des Goldes halber tötetea.

Die angenehme Kublajevna, der Luna ähnlich, hatte vernommen, dass es westliche Länder gäbe, dass in diesen westlichen Ländern viele Menschen lebten und bereitete sich, fremde (cuziech, ursprünglich *deutsche*) Sitten ﹁kennen zu lernen; zu ihrer Begleitung sprungen zehn Jünglinge auf die Füsse und zwei Jungfrauen, sie häufen zusammen, was notwendig war und alle setzten sich auf behende Pferde und reiseten dorthin, wohin die Sonne enteilet.

Wie das Licht am Morgen (po jutru) erglänzet, wenn es sich über dunkle Wälder erhebt: so glänzte die Tochter des Tataren-Chams durch natürliche und bereitete (künstliche) Schönheit. Angekleidet war sie ganz mit Goldgewändern, die Kehle, den Busen hatte sie enthüllt und mit Edelsteinen und Perlen umwunden. Eine solche Schönheit bewunderten die *Deutschen* (Němci), beneideten deren Reichtum sehr, sie beobachteten den Weg ihres Zuges (ihrer Reise), überfielen sie im Walde, töteten sie und nahmen ihren Reichtum (ihre Waaren) weg.

Zweites Bild.

Als das der Tataren-Cham Kublaj vernahm, was sich alles mit seiner teueren Tochter zugetragen, da sammelte er aus allen bevölkerten Landen Heere und zog mit den Heeren dorthin, wohin die Sonne eilet. Dies vernahmen die Könige im Westen, dass der Cham nach ihren bevölkerten Ländern eile, sie verschworen sich einer mit dem andern, brachten eine sehr starke Mannschaft zusammen und zogen zu Felde gegen ihn. Sie lagerten in einer grossen Ebene, lagerten und erwarteten da den Cham. Kublaj beruft alle seine Schwarzkünstler, Wahrsager, Sterndeuter und Zauberer, damit sie vorher verkündeten und errieten, welches Ende die Schlacht nehmen werde. Flugs fanden sich die Schwarzkünstler, Wahrsager, Sterndeuter und Zauberer zusammen, traten aus dem Kreise nach zwei Seiten, legten der Länge nach ein schwarzes Schilfrohr hin, zerteilten es in zwei Teile, der einen Hälfte gaben sie des Kublaj's Namen, der andern Häfte des Königs Namen, raunten darüber altertümliche Worte. Beide Schilfe begannen mit einander zu kämpfen und das Schilf des Kublaj siegte.

Drittes Bild.

Es erfreute sich die Menge des gesammten Volkes, jeder eilet behende zu seinen Pferden und die Heere stellen sich in Reihen: die Christen hatten nicht einmal eine Verabredung (Plan) und jagten ohne Verstand in die Reihen der Heiden mit so einem Uibermute, als sie Stärke (Macht) hatten. Da drängt sich zusammen der erste Kampf wie in einen Haufen, Pfeile regneten wie Wolkenbrüche, das Brechen der Lanzen glich dem Donnergetöse, der Glanz der Schwerter dem Feuer des Wetters. Beide Seiten wehrten mit jungkräftiger Macht, dass eine der andern nicht vorankomme. Doch verfolgte schon eine Menge Christen die Heiden und sie hätte ihnen schon Widerstand geleistet, wenn nicht die Schwarzkünstler von neuem gekommen wären und die zerteilten Schilfe nicht mit sich gebracht hätten.

Das entbrannte gewaltig die Tataren, wild fielen sie gegen die Christen aus, jagten sie die einen nach den anderen so gewaltsam, dass sie diese wie ein scheues Wild auseinander stäubten. Da liegt ein Schild, da ein teuerer Helm, da schleift ein Pferd einen Vojevoden in den Bügeln, da jagt dieser eitel gegen die Tataren, der andere fleht um Gotteswillen um Erbarmen, dadurch entflammten (roz-noi-ichu) die Tataren sich nur noch mehr. Zwei Königreiche unterwarfen sie sich: das alte Kyjev und das geräumige Novýbrad.

Viertes Bild.

In kurzem verbreitet sich Elend über all die Länder, man erhebt sich, um in jeder Heimat Leute zu werben, vier starke Heere stellte man auf, erneuerte das Gekämpfe gegen die Tataren. Die Tataren bewegten sich nach der rechten Seite. Wie eine schwarze Wolke, wenn sie mit Hagel droht, die Früchte üppiger Felder verwüstet, so war der Tataren Schwarm schon vom Weiten zu hören.

Flugs treten die Ungarn in Scharen zu hunderten zusammen, flugs treten die (regelmässig) Bewaffneten (oruženi) zu ihnen, doch eitel war ihr Mut, ihre Tapferkeit, eitel all ihr kühnes Wider- stehen: in dem die Tataren gegen die Mitte der Reihen hin stür- men, zerstreuen sie alle ihre zahlreichen Heere und verwüsteten alles, was im Lande war.

Fünftes Bild.

Alle Hoffnung verlässt die Christen und es war ein Elend grösser jedes (andern) Elendes, wehklagend beteten sie gegen Gott empor, damit er sie rette vor diesen böswilligen Tataren: Stehe auf o Herr (hospodine!) in deinem Zorne, befreie uns von den Räubern, befreie uns von ihnen, die uns verfolgen, sie wollen unsere Seele erdrücken, da sie uns so umzingeln, wie die Wölfe die Schafe.

Die *erste* Schlacht ist für uns verloren, verloren auch die *zweite*.

Sechstes Bild.

Die Tataren lagerten schon in ganz Polen, näher und näher her verwüsteten sie alle Länder und drängten sich wild zu Olomúc (Olmütz). Ein hartes Elend erhebt sich über all die Landschaften, nichts war mehr sicher (frei) vor den Heiden.

Einen Tag wurde gekämpft, gekämpft ward auch den andern Tag: der Sieg neigte sich nirgend hin.

Ajta! der Tataren Menge nimmt zu, wie im Herbste das Abenddunkel zunimmt. Und bei dieser Uiberschwemmung (Flut) der wilden Tataren bewegte in der Mitte sich das Heer der Christen, nur mit Mühe sich durchdrängend, zu dem Berge, worauf die Mutter Gottes Wunder wirket.

Hinauf ihr Brüder! hinauf, rufet *Vneslav*, schlägt mit seinem Schwerte auf sein silbernes Schild und schwingt die Fahne hoch über seinem Kopfe. Alles ermannt sich, alles drängt gegen die Tataren, indem sie sich zu *einer* starken Macht vereinten. Als solche brachen sie wie ein Feuer aus der Erde dort gegen den Berg aus den Tatarenmassen heraus. Gegen die Höhe über den Bergabhang schreiten sie rücklings, am Bergabhange oben (pod chlumi) traten sie der Breite nach auseinander, unterhalb ver- engten sie sich zu einer scharfen Spitze, deckten sich rechts und links mit Schildern, die Speere, scharf gespitzt, legten die zweiten den ersten auf die Schultern, so wie die dritten den zweiten; worauf ganze Wolken von Geschossen hernieder fielen auf die Tataren.

Indes bedeckte die dunkle Nacht die ganze Erde, sie ver- breitet sich zur Erde, so wie zu den Wolken und trennet die ge-

gen einander erglühten Blicke sowol der Christen als der Tata·
ren. In dichter Finsterniss werfen die Christen Wälle auf, Wälle
die gegraben waren rings um den Berg. Als im Osten licht zu
werden begann, erhob sich das ganze Lager der Mörder. Dies
Lager war furchtbar: Rings um den Hügel bis zur unsichtbaren
Ferne. Dort schwärmten sie auf raschen Pferden und trugen auf-
gespiesste Christen-Köpfe hoch zum Zelte des Cham. Da drängt
sich eine Menge zu *einer* Kraft zusammen, alle zielen gegen eine
Seite hin und stürmen den Hügel hinauf auf die Höhe, und schrien
auf mit einem schrecklichen Schrei, so dass es in den Bergen
und Tälern wiederhallte.

Die Christen stunden ringsum auf den Wällen, die Mutter
Gottes mehrte ihren Mut, stramme Bogen spannten sie behende
und schwenkten kräftig mit scharfen Schwertern so, dass die Tataren zurück weichen mussten. Darob ergrimmt das Volk der
wilden Tataren, der Cham erglüht vor wildem Zorne: in drei
Ströme teilt sich das ganze Lager und alle drei Ströme richten
sich wild gegen den Hügel. Zwanzig Bäume fällten die Christen,
alle zwanzig, die da gestanden, wälzten sie an den Rand der Wälle.

Schon, schon stürmen die Tartaren gegen die Wälle furchtbar gegen den Himmel schreiend und brüllend, schon begannen
sie die Wälle zu zerstören: als von den Wällen, die mächtigen
Baumstämme herabgerollt wurden und die Tartaren gleich Wür-
mern zerdrückten, ja noch ferne auf der Ebene sie niederwarfen.
Lange ward so und hart gekämpft bis wieder der Nacht Dunkel
dem Kampfe ein Ziel setzte.

Siebentes Bild.

O Gott! aj! da sehet! der ruhmvolle *Vneslav,* der ruhmvolle
Vneslav stürzt getroffen vom Pfeile von den Wällen: wilder Schmerz
zerwühlt das bange Herz. Ein peinlicher Durst trocknet schmerz-
haft alles innere aus: bei heisser Kehle labt man sich mit betau-
tem Grase. Der stille Abend übergeht in eine kühle Nacht, die
Nacht wandelt sich zum grauen Morgen, auch im Lager der Tataren war es noch ruhig. Gegen Mittag wird es immer heisser, vor
peinigendem Durste fielen Christen nieder, öffneten ihren ausge-
trockneten Mund und sangen heiser zu der Gottesmutter, zu der
sie auch ihre matten Augen richteten, klagend ihre Arme gegen
den Himmel streckend, auch ängstlich von der Erde gegen die
Wolken blickend.

„Unmöglich ist es uns länger in diesem Durste auszuhalten,
unmöglich vor Durst zu kämpfen: wem Gesundheit, wem das liebe
Leben wert ist, der erflehe Gnade bei den Tataren!"
So sprachen schon die einen, die anderen aber: „Peinlicher sei
es durch Durst zu Grunde zu gehen, als durch das Schwert: in

der Sclaverei werde es wenigstens genug Wasser geben." „Mir nach, der so gesinnt!" ruft *Vestoň*, „mir nach der unter euch von Durst gequält wird."

Da springt *Vratislav* wie ein junger Auer herbei, ergreift den Vestoň bei der starken Schulter und spricht: „Du Verräter, du ewiger Schandfleck aller Christen, in das Verderben willst du werfen die tüchtigen Leute? Von Gott Gnade zu erflehen ist wol löblich, nicht aber Gnade in der Gefangenschaft der wilden Tataren. Wollt doch nicht, ihr Brüder! hineilen in euer Verderben. Die wildeste Schwüle haben wir schon überstanden, Gott hat uns ja gestärkt im erhitzten Mittage, Gott wird uns auch, wie wir hoffen, noch Hülfe senden. Ihr Männer schämt euch solcher Reden, wenn ihr ja Helden noch genannt sein wollet. Gehen wir vor Durst hier am Hügel zu Grunde, so ist unser Tod hier von Gott bestimmt, ergeben wir uns jedoch den Schwertern unserer Feinde, dann verübten wir selbst den Mord an uns. Sclaverei ist ein Gräuel vor dem Herrn, Sünde ist es, willkürlich den Nacken der Gefangenschaft zu bieten. Folget mir, ihr Männer! die so gesinnt sind, folgt mir hin zum Throne der Gottesmutter."

Eine Menge geht hinter ihm zur heiligen Kapelle. „Steh auf! o Herr in deinem Zorne und erhöbe uns in diesen Ländern über die Mörder, erhöre unsere Stimmen, die zu dir flehen: umzingelt sind wir von den wilden Mördern, errette uns aus den Schlingen der grausamen Tataren und verleihe Labung unserm Innern: dann widmen wir dir ein Ruhmverbreitend Opfer! Schlage nieder die Feinde in unseren Ländern, vertilge sie auf ewig ewige Zeiten.!"

Aj, sieh! da zeigt sich auf dem heissen Himmel ein Gewölke, die Winde sausen, ein schreckbarer Donner ertönet, Gewitterwolken überziehen schwarz den ganzen Himmel, Blitze schlagen Schlag auf Schlag hin in die Zelte der Tataren: ein reicher Wolkenbruch belebt neu die Hügelquelle.

Achtes Bild.

Die Gewitter sind vorüber. Die Heere eilen zu den Reihen, aus allen Ländern aus allen Gegenden des Landes weben gegen Olomüc hin ihre Fahnen.

Schwere Schwerter hängen ihnen an der Seite, volle Köcher rasseln auf den Schultern, glänzende Helme haben sie auf ihren mutigen Köpfen und unter ihnen springen rasche Pferde. Ausgetönt hatten schon die Töne der Waldhörner, die Laute der lauten Trommeln hörten bereits auf geschlagen zu werden, als auf einmal beide Seiten auf einander stiessen. Vom Staube erhebt sich schon eine ganze Wolke und zuletzt entstund ein grausamer Kampf. Ein Getöse und Gerassel bilden die scharfen Schwerter, ein Gezische

furchtbar anzuhören, bringen die geschärften Pfeile hervor, ein
Gelärme aber das Brechen der Speere und der scharfen Lanzen.
Da gab's des Stechens, da gab's des Hauens, da gab's des Stöhnens,
da gab's des Frohlockens (sic). Blut wälzt sich fort wie Regen-
güsse, Leichen gab es, wie im Walde Stämme. Dem ward der
Kopf entzwei gespalten, jenem beide Hände abgehauen, dieser
wälzet sich über den andern von dem Rosse herab, wärend dieser
so wütend seine Mörder zerhauet, wie der wilde Sturm die Felsen-
stämme: doch diesem wird ins Herz das Schwert bis an den Griff
geboret, aber auch diesem haut der Tatare das Ohr rein weg.
Ah! das war ein Schrein, das war ein kläglich Stöhnen! denn
schon begannen die Christen zu fliehen und die Tataren sie im
wilden Schwalle zu verfolgen.

Neuntes Bild.

Ajta! da fliegt *Jaroslav* wie ein Adler herbei, harter Stahl
deckt seine mächtige Brust, unter dem Stahle ist Mut, ist Tapferkeit, unter dem schönen Helme eine gar scharfsinnige Einsicht
und Jugendmut entflammt den glühenden Blicken. Erregt jagt er
wie ein gereizter Löwe, wenn es ihm zufiel, warmes Blut zu erblicken, als ihn der Jäger anschoss, hinter diesem jagt, so erzürnt
war er, so stösst er gegen die Tartaren hin. Die Böhmen (Česie)
sind hinter ihm wie ein Hagelwetter. Jaroslav stosst wild gegen
den Sohn des Kublaj und ein äusserst wilder Kampf entspinnt
sich nun. Mit Speeren stiessen beide gegen einander, beide zerbrachen diese mit grossem Gekrache. Jaroslav schon ganz, sammt
dem Rosse, blutbesprengt, erreicht mit dem Schwerte den Kublaj-
Sohn und hieb ihn oben von dem Arme bis zu Weiche quer durch,
so dass er entseelt unter die Leichen fällt. Ober ihm rasselte der
Köcher mit dem Bogen. Da erschrack das gesammte Volk der
wilden Tataren, warf von sich die klafterlangen Schafte und ent-
floh, wer überhaupt noch fliehen konnte, dorthin, woher die Sonne
hell (iasno) aufgehet. So ward die Hana frei von den mörderischen Tataren.

Anmerkungen. Schon oben wurde bemerkt, dass historische Untersuchungen über den Inhalt dieses Gedichtes zum Teile Wahrheit zum Teile aber
nur Dichtung nachgewiesen haben. Palacký, dějiny I. 2. 176. Nebeský,
Musejnik, 1852. III. S. 161. 1853. S. 370. Světozor. 1858 Nr. 17. S 129.
Palacký, Mongoleneinfall S 405 Musejn. 1842 S. 23). Wir setzten dies
Gedicht als das letzte in der Reihe der anderen, weil es uns bedünken
will, es habe im *ganzen* schon eine Form, die mehr Nachahmung romanischer
oder deutscher Formen ist, als ein rein einheimisches Formgebilde. Das ist
nun zum Teile auch bei dem Gedichte „die Zweikämpfe" (siedanie) der Fall,
allein noch nicht in dem Grade, wie hier, wo *manches* schon an die Bänkel-
sängerei erinnert. Die Verszeilen sind, wenn man hie und da nachhilft, zehn-
sylbig. Im *einzelnen* lässt sich jedoch noch genug altertümliches und schönes
darin vorfinden. Wenn es wahr ist, dass einerseits *Kublaj* ein eigener Name,
sohin ausschliesslich persönlich und nicht als appellativum der Name einer

Würde ist, andererseits aber, dass Chan Kublaj bis zum J. 1294 lebte: dann wäre dies Gedicht mit Sicherheit erst in dem letzten Jahrzehende des 13. Jahrhunderts verfertigt worden, sohin auch nach dieser Begründung das letzte der uns erhaltenen Fragmente. In der Sammlung derselben steht es aber sonderbarer Weise zwischen Beneš Heřmanov und Čestmir, jedoch so, dass Jaroslav das 26. Kapitel schloss, Čestmir aber das 27. Kapitel begann: ob durch Zufall, oder regelmässige Berechnung, ist schwer zu sagen.

Die *cumulative* Anführung der čaroději, hádači, hvězdáři, kúzelnici im Verse 48. 49. beweiset, dass der Dichter nur dunkle Kunde haben musste von den Zaubervorhersagungen der Tataren, denn er nennt fast alle Arten der heimischen Wahrsager, so dass es den Anschein hat, als wolle er, man möge sich daraus diejenigen auswählen, welche von ihnen den ihm unbekannten tatarischen Zauberern am ähnlichsten gewesen sind. So kann auch die Teilung des Schilferohres in 2 Teile eine Art einheimischer Loswerfung gewesen sein. Bemerkenswert ist auch, dass die *Betenden* sowol das erstemal V. 108 als das zweitemal V. 222, als sie schon in der Mariencapelle sind und zur Mutter Gottes sich wenden, nur mit den Worten des *Psalters* und nur zu *Gott* (hospodine!) beten. V. 189 steht freilich ausdrücklich pěvše chrapavě k *mateři božiej* zur Mutter Gottes, nicht aber *was* sie beteten. Das Wort hospodin ist im böhmischen noch ein Rest der alten slavischen Liturgie. Auch Vratislav (V. 206) sagt: von *Gott* Gnade zu erwarten ist löblich. Der Mariencultus war sohin in der Liturgie noch nicht sehr hervorgehoben. Nicht weit von Olmüz ist wie gesagt auch ein Marienberg, *svatý kopeček*, heiliger Hügel genannt, den der Dichter wol mit Hostajnov mengte, denn dieser ist nahe und nicht hoch, wie schon das Wort *kopeček* Hügelchen andeutet. Der Berg *Hostajnor* nun *Hostýn* genannt, der im V. 6. ein „nichthoher Berg," im Texte nur Chlum d. i. Höhe, Anhöhe, genannt wird, ist 2317 Fuss hoch. Er ist ebenso *mythenreich*, wie der Rad-*host* in Mähren. Die Marienkapelle am Hostýn ist wol an die Stelle eines heidnischen Heiligtums der *Děva* gesetzt worden, worauf auch noch die Quelle, der Bach am Berge zeigt, dem das Landvolk noch jetzt Heilkraft zuschreibt. Auch das Gedicht erwähnt noch seiner im V. 230, und der üppige Regenguss lässt wieder die „Hügelquelle" aufleben. Das Wunder, das nach dem Gebete entstehet, passt ganz zur altertümlichen *Děva*, der Tochter des Donnerers: die späteren christlichen Marienwunder sind sanfterer, innerer, geistiger Art. Historisch mag der Kampf um Hostýn nur eine Parcelle des ganzen Siegeskampfes gewesen sein, den der Dichter hier unrichtig concentrirte. Altertümlich ist die Trennung von *Hrom* und *Blesk*, Donner und Blitz, ja die Voranstellung und Selbstständigmachung des Hrom. In den Mythen wird in der Tat der *Hrom* dem Blitze vorangestellt und der Gewittergott heisst vorzugsweise *Hromník*, Donnergott. Denn die mythischen Momente des Gewitters sind 1) die bewegte Luft, 2) die Auftürmung von Gewitterwolken, 3) der Donner, 4) die Blitze, 5) der Regenguss. — Das Bild von dem ergrimmten *Löwen* (V. 271.) weiset noch an die Rückerinnerungen, teils Erfahrungen, teils Sagen, der ehemaligen Kreuzzüge.

So ist das Gedicht wirklich ähnlich dem *Janusgesichte*: es sieht gegen das Heidentum nach der einen Seite und gegen das Christentum nach der andern Seite hin: es ist der *Abschluss der alt-böhm. Poesie* und zugleich der *Aufschluss der christlich-böhmischen* Poesie oder mit anderen Worten: es ist der Wendepunkt zwischen *heidnischem* und *christlichem Schrifttume*.

Inhalts - Uibersicht.